그림책이 있는 마음우체국

그림책이 있는 마음우체국

그림책에 물든 12인의 희망 에세이

꿈길희망등대 그림책 모임 지음

정옥경 · 김영순 · 김차순
오숙자 · 우순애 · 유혜승
이근라 · 혜　움 · 임지영
장만옥 · 함소정 · 임은경

벗나래

머리말

그림책 산책의 즐거움에서
한 발 더 내딛다

　2020년 코로나19 팬데믹으로 바쁘게 이어지던 강의 일상이 사라졌다. 작은 상담센터를 개원하고, 새 일터를 만들었다.

　그림책이 드물던 시절, 중3 때 읽은 《꽃들에게 희망을》이라는 동화는 나의 인생 책이 되었다. 연애 시절 필사하던 《어디로 갔을까, 나의 한쪽은》, 《떨어진 한쪽, 큰 동그라미를 만나》라는 그림책은 나를 다시 청춘 시절로 데려갔다. 《아낌없이 주는 나무》를 읽으며 할아버지를 그리워하고, 《나무를 심은 사람》을 통해 삶의 방향을 새로이 정할 수 있었다. 그림책 읽기 모임을 통해 고향을 그리고, 잊혀져 간 유년과 가족을 이야기하며, 인생을 돌아보게 되었다.

　2022년 어머니의 그림책 자서전을 엮으며 그림책에 대한 관심은 사랑으로 변해갔다. 그 후 더 많은 그림책을 이해하고 싶었다. 그림책 이론서를 공부하고, 그림책 이해 과정을 수강했다. 그 이론을 나누고 싶어서 매주 새로운 그림책을 읽고, 마음을 나누는 시간을 가졌다. 그 결과물이 이번 그림책 에세이다. 그림책이 누군가에게 평안한 의자가 되고, 지친 일상에 빨간 약이 되리라 믿으며 그간 나눠왔던 그림책을 각각의 느낌으로 소개한다.

  책 나눔을 하면서 행복했던 시간이 결코 짧지 않았다. 읽기와 쓰기에 큰 간극이 있다는 것을 알면서도 일천한 글로나마 그림책 읽기를 권하고 싶은 마음을 놓을 수가 없었다. 그림책에 대한 독자의 이해를 돕기 위해 시작했지만, 글쓰기가 우선해야 한다는 사실을 깨달은 글쓰기 여정이었다. 시간을 내주며 쓰기가 읽기의 산물이라고 일러준 동료 봉은희 작가의 아픈 충고에 깊은 감사를 표한다.

대표 저자 정옥경

차례

머리말 그림책 산책의 즐거움에서 한 발 더 내딛다

첫 번째 이야기　그림책에서 나를 보다 정옥경
1. 당연한 것의 근거 … 13
2. 나에게 중요한 것 … 15
3. 내가 기다리는 노후 … 17
4. 나의 직업 … 19
5. 아버지, 당신을 애도합니다 … 21
6. 여행을 떠나지 못하는 이유 … 23
7. 치매를 선택한 사람은 없다 … 25

두 번째 이야기　내 안의 힘! 삶의 여정! 김영순
1. 고정관념을 깨고 나답게 … 31
2. 나에게 용기를 주는 노년의 꿈 … 33
3. 나를 낮추는 것이 진정한 자존감 … 36
4. 나무 속 나, 삶을 반추한다 … 38
5. 포기도 습관이다 … 40
6. 엄마와 나를 그린 두 개의 다른 손 … 43
7. 잃어버린 나를 찾아서 … 45

세 번째 이야기　나비처럼 나빌레라 김차순
1. 말의 힘 … 49
2. 두 사람 사이에 깃든 의미 … 51
3. 나에게 들려주고 싶은 최고의 사랑 고백 … 53
4. 정의라는 이름의 정체 … 56
5. 생각의 비밀 정원 … 57
6. 오직 단 하나의 꽃 … 60
7. 나비처럼 나빌레라 … 62

네 번째 이야기 그림책이 말하고 마음이 쓰다 오숙자

1. 기다린다는 것은 믿음입니다 … 67
2. 보이는 마음, 보이지 않는 마음 … 69
3. 미해결 과제와 마주할 용기 … 72
4. 바람에는 두 얼굴이 있다 … 74
5. 기분과 태도를 분리하라 … 76
6. 꿈을 품은 날개 … 79
7. 빙판에 새기는 인생 … 81

다섯 번째 이야기 뭇별로 뜬 추억, 선물이 되다 우순애

1. 쑥부쟁이로 피어 있을 아버지의 골목집 … 87
2. 이제야 건네는 뒤늦은 인사 … 89
3. 시(詩), 내게로 온 생각꽃의 향기 … 92
4. 사람을 심는 사람 … 94
5. 지도에 없는 섬 하나 … 97
6. 너의 잃어버린 꿈을 응원해! … 99
7. 푸른 청춘의 눈으로 걸어가 보리 … 101

여섯 번째 이야기 나의 성장 에피소드 #7 유혜승

1. 셀프 칭찬 … 107
2. 잘 가, 희수야! … 110
3. 할머니 손은 약손 … 113
4. 해결되지 않은 마음속 이야기 … 115
5. 내가 찾은 나다움 … 118
6. 나의 사랑 호호호 … 120
7. 내 안의 벽을 넘어서 … 123

일곱 번째 이야기 **그림책의 속마음** 이근라

1. 함께라서 더 행복한 우리 … 129
2. 보여주는 사랑보다 더 많이 사랑해 … 131
3. 겁쟁이 아기곰이 든든한 엄마로 … 133
4. 검은 반점. 이제는 안녕! … 135
5. 가끔은 아이이고 싶다 … 137
6. 친구라는 존재의 의미 … 139
7. 혼자가 아닌 우리가 함께 살아가는 세상 … 141

여덟 번째 이야기 **그림책에 물들다** 혜윰

1. 포기 말고 다시 일어서! … 147
2. 상처에 지지 않고 나아가기 … 148
3. 베푸는 마음이 주는 행복 … 150
4. 그림자를 통해 상상의 나래를 … 152
5. 다른지만 괜찮아 … 154
6. 고함 뒤에 오는 자성 … 156
7. 유기견은 왜 생길까? … 158

아홉 번째 이야기 **그림책에게 말을 건네다** 임지영

1. 나의 말의 형태는 무엇일까? … 165
2. 나를 먼저 인정하자 … 167
3. 받고 싶다면 먼저 보내라 … 169
4. 여행 또는 삶의 쉼표 … 171
5. 나의 삶도 강물처럼 흐른다 … 173
6. 나의 화는 어디로 갈까? … 176
7. 타인의 시선에 신경 쓰는 우리들 … 178

열 번째 이야기　고맙습니다. 내 인생 장만옥

1. 부산 가시내의 어린 시절 … 183
2. 나는 장만옥입니다 … 185
3. 빨간 돼지 저금통 … 186
4. 오늘 기분, 안녕하세요? … 188
5. 추억아 함께 놀자 … 191
6. 나는 나에게 어떤 하루였나? … 193
7. 고마워, 내 인생! … 195

열한 번째 이야기　뒤통수를 간지럽히는 그림책 함소정

1. 별일 아닌 일상을 특별하게 … 201
2. 내가 되어도 괜찮은 나 … 203
3. 사라지지 않기 위해 희망을 꿈꾼다 … 205
4. 간절하게 바라고, 무작정 행동하자! … 207
5. 선택하지 않는 것과 선택 당하는 것 … 210
6. 오랜 시간 잊혀진 사랑을 찾아서 … 212
7. 검은 말은 검은 안개를 몰고 온다 … 214

열두 번째 이야기　나의 '빛'을 찾아가는 여행 임은경

1. 나는 누구인가? … 221
2. 나는 어디에 있을까? … 223
3. 나의 모습 그대로를 사랑해 … 225
4. 나답게, 오직 나답게! … 227
5. 나의 친구, 소중한 친구야 … 231
6. 너의 색깔, 그대로를 사랑해 … 233
7. 함께 하는 성장! … 236

첫 번째 이야기

그림책에서 나를 보다

정옥경

상담심리학과 교육학 전공 교수이자 강사와 상담사 역할을 하며 살았다. 중고등학교, 대학교, 지방자치 기관, 기업, 온라인 교육 업체등 다양한 곳에서 전 연령대를 대상으로 강의를 해왔다. 직업 상담, 진로 교육, 인간관계, 소통, 행복학, 심리검사 관련 강의를 24년간 해왔다. 현재는 파워인진로상담센터에서 상담과 강사 양성 과정을 운영하고 있다. MBTI 검사를 기본으로 다양한 심리검사와 함께 그림책을 통한 심리 연구를 하고 있다. 그림책을 좋아하는 사람들과 그림책 테라피 독서 모임을 운영 중이다. 미래에 그림책 작가를 꿈꾸며 열심히 그림책을 읽고 있다.

빨간 섬

중요한 문제

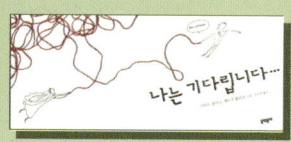
나는 기다립니다

진짜 내 소원

영원한 이별

여기보다 어딘가

파랑 오리

1. 당연한 것의 근거

> **빨간 섬**
> 글: 올리비에 뒤팽, 그림: 보마조리 베알, 옮김: 이지원, 출판사: 에듀앤 테크, 2020
> 빨간 섬은 지켜야 할 규칙이 아주 많은 곳이다. 빨간 섬 사람들은 모자도 쓰면 안 되고, 음악도 들을 수 없고, 과일을 먹을 수도 없다. 방문객과 주민들은 빨간 섬에 어쩌다 그런 규칙이 만들어졌는지 함께 알아본다. 《빨간 섬》은 당연하다고 여겼던 것에 대해 다시 한 번 생각하고, 새로운 시각으로 세상을 보게 해준다.

어릴 적 삼촌이나 남동생들처럼 친구들과 바캉스를 가고 싶어 할 때, 어른들은 내가 여자라서 안 된다며 허락지 않으셨다. 단순히 외박 문제뿐 아니라 가사활동, 대학 진학 등에서도 남녀차별을 받아야 했다. 심지어는 장남인 동생에게 재산을 양도한다는 상속 포기 도장을 찍고야 결혼할 수 있었다.

그로 인해 나는 편견 없는 합리적인 사람으로 살려고 노력했다. 그런데 그렇지 않은 나를 마주하는 사건이 생겼다. 피어싱이나 타투에 관심이 많던 딸아이가 공부에 대한 중압감을 못 이기고 혀에 피어싱을 했다. 나는 그 사실을 한참 지나서야 알게 되었다.

나는 생각만 해도 몸이 오싹해지는데, 아이는 그것이 자신의 개성이라고 말했다. 아픈 것을 참으며 혀에 피어싱을 해냈다는 사실에 자신감도 생겼고, 그 피어싱을 보면 행복하다고 했다. 나는 피어싱보다 딸이 나를 속였다는 배신감에 딸아이의 행복을 허용할 수 없었다. 얼마 후 딸아이는 설득 반, 강요 반으로 피어싱을 제거했다.

인터넷으로 혀 피어싱을 검색하니 피어싱을 한 사람들이 생각보다 많았다. 아이가 피어싱을 하면서 엄마가 이리도 펄쩍 뛸 것을 알기에 비밀로 했다는 것이 마음 아프기도 하고, 화도 났다.

그때 나는 누구에게 화가 났던 걸까. 피어싱을 한 사람들은 모두 잘못된 것일까? 누가 비정상적인 것일까?

아직 아이가 스스로 위생 관리를 할 수 없고 모든 가족들이 수용하지 못할 것을 알기에, 성인이 될 때까지만 우선적으로 피어싱을 제거하라고 했다. 아이에게서 피어싱에 대한 흥미가 사라지길 차츰 바랄 뿐이다.

다른 사람은 되지만 내 가족은 안 되고, 성인은 되고 학생은 안 되고, 다른 집 딸은 괜찮고 내 딸은 안 괜찮고. 돌이켜 생각해 보니 나도 빨간 섬 할아버지가 되어 있었다. 우리는 자신도 모르게 누군가에게 가스라이팅을 하고, 무언가를 받아들이라고 강요하고 있는 것은 아닐까?

《빨간 섬》은 남존여비, 가부장적 사고, 성차별, 다문화, 장애인 등 수많은 고정관념과 편견, 선입견이 존재하는 우리 사회에 질문을 던진다. 이 책 덕분에 그러한 관념과 사고방식에서 자유롭지 못한 나를 마주하게 되었다. 내 아이는 똑똑해야 하고, 타인의 모범이 되어야 하며, 착하게 살아야 한다는 비합리적 신념들이 내 인생에 관여하고 있었다.

《빨간 섬》은 비합리적 사고에 대해 나 자신에게 끊임없이 질문을 던지게 했다. 우리가 당연하다고 여기던 것들에 대해 질문하게 하고, 그 답을 찾아가는 여정을 보여준다. 늘 옳다고 여기던 것들에 합리적인 의심을 하게 한다. 나만의 고착화된 신념을 주변 사람들에게 강요하지는 않았는지 나 자신을 돌아보게 하는 책이었다.

2. 나에게 중요한 것

> **중요한 문제**
> 글: 조원희, 그림: 조원희, 출판사: 이야기꽃, 2017
> 2017년 볼로냐 라가치상 수상. 작가 조원희가 들려주는 진짜로 중요한 문제에 대한 유쾌한 이야기. 수영 강사 네모 씨에게 정수리에 동전만 한 원형 탈모 문제가 생겼다. 네모 씨는 일상의 중심을 원형 탈모 치료에 집중하고, 그동안 즐겨왔던 일상을 모두 포기한다.

아침이면 나는 세 아이 등교와 출근 준비를 한 후 출근길에 나선다. 강의, 미팅, 독서 모임, 줌 미팅 등을 마치고 나면 밤 12시가 넘어서야 퇴근한다. 자정이 넘은 시간에 대충 저녁을 먹고, 아이들과 몇 마디를 나누고 취침한다.

　지인들과의 수다나 분위기 좋은 카페에서의 커피 타임도 가져본 지 오래다. 친정엄마와 함께 하는 시간도, 아이들과의 대화도, 주부로서의 시간도, 아내의 역할과 며느리의 역할도 잃어버린 지 오래다. 특히 누나 역할을 버리려 한 적이 없건만, 그 역할을 버린 지 오래다. 1시간 거리에 사는 동생들 얼굴을 1년에 한두 번 보는 것이 전부다.

　굳이 인생에서 가장 중요한 것을 꼽자면 가족, 교육, 종교, 건강, 운동, 경제적 자유, 여가, 가치관, 인간관계가 아닐까 싶다. 사람들은 항상 바쁜 나를 보며 건강을 챙기라고 걱정한다. 나는 운동에는 관심도 없고, 일하는 시간도 포기하지 못하고 있다.

　며칠 전 갑자기 오른발에 경련이 왔다. 심각한 경련이 오니 오른발을 못 쓰게 될까봐 은근 걱정이 되었다. 막내를 불러 주무르게 했더니 경련이 멈췄다.

　'나는 무엇을 위해 사는 것일까?'

　'나는 행복을 위해 살고 있다.'

　'행복을 위해 살고 있다지만, 그 과정에서 건강을 잃는다면 삶이 무슨 의미가 있을까?'

　지금까지 나는 오른쪽 발바닥과 엄지발에 종종 마비가 오는 것을 간과한 채, 운동도 전혀 하지 않고 한 자세로 10여 시간 앉아서 일했다. 가족이 돌아오는 저녁 시간에도 가족의 얼굴은 보는 둥 마는 둥 자정까지 일을 했다. 노후에 대한 강박과 아이의 입시에 집착한 나머지, 가족과 공유하는 소소한 일상을 외면했다. 그동안 나는 나의 일중독이 가족과 행복을 위한 것이라 생각했다. 이 책을 읽는 동안 아직 오지 않은 미래의 일들을 틀에 끼운 듯 정해 놓고 정신없이 달려왔다는 허망함이 밀려왔다.

3. 내가 기다리는 노후

> **나는 기다립니다**
> 글: 다비드 칼리, 그림: 세르주 블로크, 출판사: 문학동네, 2007
> 기다림의 미학을 보여주는 그림책. 인생을 살아가면서 기다리는 것들에 대해 깊이 있게 성찰하는 그림책으로, 삶에서 겪는 '기다림'을 짧은 글과 강렬한 이미지로 보여주고 있다. 한 사람의 인생이 빨간 삶의 끈으로 묘사된 그림책이다.

책장마다 인생의 어느 지점에 서 있는 나 자신과 만난다. 아이였을 때는 할아버지, 할머니, 부모, 선생님의 인정과 사랑을 기다렸다. 연애하고 결혼해서는 결혼 며칠 전 교통사고로 다친 남편이 완쾌되기를, 아이가 건강히 태어나기를 기다렸다. 자녀가 밖에 있을 때는 늘 아이가 안전하게 귀가하기를 기다렸다. 언젠가 아이들이 결혼하면 손자, 손녀가 태어나기를 기다릴 것이다.

인생은 기다림의 연속이고, 그 기다림 속에는 소망하는 것들이 있다. 나는 지금 빨리 노인이 되기를 기다리고 있다. 우리 아이들이 성인이 되고, 자기가 좋아하는 일을 하고, 좋은 짝을 만나고, 예쁜 아이들의 부모가 되기를 기다리고 있다.

40대 중반 무렵, 남편의 사업이 어려워지고 내가 가장이 되어 밤낮없이 일할 때는 하루하루가 너무 버거워서 도망가고 싶을 때도 있었다. 심신이 지친 것은 물론 경제적 고통이 나를 옥죄어 오던 때였다. 그때 10살 많은 선배가 물었다. 앞으로 소원이 뭐냐고. 나는 "오늘 자고 일어나면 61세가 되어 있었으면 좋겠다"고 말했다. 선배는 노인 되는 것이 뭐가 좋냐며 그 연유를 물었다. "환갑이 되면 삶의 짐을 벗어던지고 나 자신을 위한 삶을 살고 싶다"고 답했다.

그때는 세월이 흐르면 자연스레 그렇게 될 줄 알았다. 내가 환갑이 되면 아들과 큰딸이 서른 살을 넘겨 결혼하여 독립하고, 막내딸도 대학생이 될 나이라 나만을 위한 인생을 살고 싶은 마음이 그득했다.

"세상에 공짜는 없어."

선배의 그 한마디가 삶에 대한 나의 태도를 바꿔 놓았다. 자녀가 성장하고 성혼에 이르기까지 부모의 역할이 있는데, 노력과 고충을 치르지 않고 공짜로 인생을 살려 하느냐고 되물었다. 공짜로 인생을 살 수는 없으니 거쳐야 할 인생의 파고를 직접 부딪치고 넘어서야 한다는 것이었다. 나는 힘들다는 핑계로 후딱 시간이 흐르기만을 바라고 있었고, 그 여정의 수고는 누군가가 해주거나 저절로 이뤄지기를 바라고 있었다.

그 후부터 나는 주어진 삶의 무게를 견딜 수 있는 만큼만 견디고, 힘들면 힘들다고 엄살을 부렸다. 가끔은 아이처럼 나 좀 봐달라고 떼도 쓰고, 쉬엄쉬엄 놀면서 정신적으로 억울하지 않으려고 애썼다.

그렇게 견디며 기다려온 환갑이다. 큰아들은 능력을 인정받고, 자신의 인생을 즐길 줄 아는 성인이 되었다. 큰딸은 '엄마의 자존심'을 넘치게 채워 주었고, 더 이상 바랄 것이 없는 만족감을 주었다. 막내도 무사히 입시를 마무리했다. 60대 후반에는 다 큰 아들이 좋은 인연을 찾기를, 막내가 자신이 원하는 직업을 찾기를, 그리고 나도 빨리 할머니가 되기를 진심으로 기다리고 있다.

세상에 노력 없이 공짜로 이루어지는 것은 없다는 선배의 말에 오늘도 나는 묵묵히 삶의 빨간 끈을 이어가고 있다. 아니, 이제는 그 너머의 익어가는 70세를 상상한다. 70세가 넘어도 노인들과 그림책 테라피를 하며 여유로운 시간을 보내고 싶다.

4. 나의 직업

진짜 내 소원

글: 이선미, 그림: 이선미, 출판사: 문학동네, 2007

나를 알아야 내가 원하는 것을 알 수 있고, 내가 원하는 것을 향해 나아갈 때 비로소 행복에 도달할 수 있다. 어른이나 아이나 자신이 진정으로 원하는 것이 무엇인지 아는 이들은 많지 않다. 작가는 성장과정에서 은연중 주입받았던 사고의 틀을 소원이라는 소재를 가져와 신선하게 뒤흔든다. 타인의 소원을 내 것인 양 바라고 살아온 아이들에게 자신을 살펴보게 하는 그림책이다.

박사과정에서 만난 문 박사는 좋은 인생 선배다. 그녀는 석·박사 과정 모두 교육학을 전공했다. 조금 공부하면 자신도 얼마든지 가능할 텐데도, 상담심리학을 전공한 나에게 직업상담 강사를 섭외하는 황 박사님을 소개시켜 주었다.

2009년 황 박사님과 함께 사회학 개론, 인간관계론, 상담심리학 과목 학점은행제 강의와 국가자격증인 직업상담사 강의를 하게 되었다. 직업상담은 계획된 우연처럼 나에게 평생 이력이 될 강의 자리를 마련해주었다.

한국방송통신대학교 경기산학협력단에서 자격증 분야 강의를 100회 이상 하고, 41권의 직업상담사 수험서를 출간했다. 2018년까지 수많은 직업상담사를 양성했다. 그곳을 거쳐 간 많은 직업상담사들에게 직업적으로 안녕한지 물으면 "아니오"라는 답이 더 많을 것 같다. 직업상담사 자격증을 취득했다 해도 이상적이고 안정적인 일자리를 찾기가 어렵기 때문이다. 직업상담을 위해서는 직업에 대한 이해, 상담 이론과 훈련, 심리학에 대한 이해, 서류 작업 등 컴퓨터 사무능력도 갖춰야 한다.

《진짜 내 소원》을 읽으며 얼마나 많은 청소년, 얼마나 많은 사람들이 자신의 진짜 소원을 자각하고 있을지 궁금했다. 특히 요즘 아이들은 공부 잘하기, 돈 많이 벌기가 엄마, 아빠의 소원이라는 것을 깨닫고, 자신의 소원을 거기에 맞춰 생각하는 경향이 있다. 다행히 나는 상담 강의를 하고, 상담센터를 운영하며 내 행로를 의심하지 않게 되었다. 재능이 뚜렷히 드러나지 않는 자녀를 둔 부모들의 성적 최상주의와 물질만능주의를 마냥 탓할 수도, 권할 수도 없다. 하지만 조금 늦더라도 자신이 제일 잘할 수 있는 일. 하면 할수록 힘이 솟고 지치지 않는 자기만의 길을 찾는 것이 인생에서 가장 중요한 문제라고 말하고 싶다.

5. 아버지, 당신을 애도합니다

> **영원한 이별**
>
> 글: 카이 뤼프트너, 그림: 카트야 게르만, 출판사: 봄나무, 2014
>
> 이 책은 다섯 살짜리 남자아이가 아버지의 죽음을 받아들이는 과정을 서정적인 글과 잔잔한 그림으로 담아냈다. 아빠가 돌아가신 후 주변의 시선이나 행동이 바뀌는 과정 등 실제적 개연성도 담아냈다. 말로 표현하기 어려운 죽음이라는 단어를 아이의 눈으로 바라보면서 그 내면을 한 편의 시처럼 감성적으로 풀어냈다.

12살 때 심장마비로 아버지가 돌아가셨다. 아버지 나이 그때 겨우 35세였다. 나의 교육을 위해 서울로 이사하려던 계획은 취소되었다. 그 후부터 나는 남아선호 사상과 남존여비의 구태의연한 가풍 속에서 살아야 했다. 여자는 대학교에 갈 필요가 없다는 할아버지와 남동생들을 내가 벌어서 가르쳐야 한다는 삼촌들의 강요 때문에 시골집을 탈출하고 싶었다.

탈출하듯 서울로 시집 온 후에도 일찍 돌아가신 아버지에 대한 원망은 계속되었다. 시댁과 친정에 대한 남편의 관심이 차이가 난다고 생각되면 아버지가 안 계셔서 처가를 얕잡아 보는 것이라 생각했다. 남편 사업이 어려워졌을 때는 아버지가 없어서 친정이 날 도와주지 못한다고 생각했다. 친정집이 있는 검암역 주변이 개발되어 동네 사람들이 졸부가 되고, 빌딩을 한 채씩 상속받아 부자가 된 친구들을 볼 때면 일찍 돌아가신 아버지를 원망했다.

그러던 중 사이코드라마 워크숍에서 '빈 의자 기법'을 통해 아버지와 대면하게 되었다. 나의 모진 원망에 답하는 아버지를 보았다.

"옥경아! 너를 제대로 키워주지 못하고 아버지가 일찍 죽어서 미안하다. 그런데 옥경아! 나도 너만큼 억울하고 억울하다. 35세였던 어느 날 밤, 나는 자다가 갑자기 심장마비로 죽은 거야. 너에게도, 네 엄마에게도, 네 동생들에게도 사랑한다는 말 한마디 못했다. 하고 싶은 일들도 아주 많았는데."

아들이 어느덧 36세가 되었다. 나는 이미 아버지에 대한 원망을 접었다. 두 아이를 낳고 상담 공부를 마치고서야 원망을 버리고, 아버지의 죽음을 받아들일 수 있었다. 12세 때 나는 아버지의 죽음을 충분히 애도하지 못했다. 그래서일까? 아버지 생각이 나면 강의하는 강단이나 길거리에서 울음을 삼켰다. 이제 나는 아버지처럼 갑작스레 죽음이 찾아왔을 때 후회를 덜하기 위해 오늘의 행복을 우선으로 살아가고 있다.

6. 여행을 떠나지 못하는 이유

> 여기보다 어딘가
> 글: 카거스 고든, 그림: 카거스 고든, 출판사: 그림책공작소, 2017
> 여기보다 어딘가 다른 곳, 멋진 곳을 꿈꾸는 우리들의 이야기다. 항상 바쁜 일상 때문에 아무 데도 가지 못하는 마음 속 이야기에 귀 기울여 보게 하는 그림책이다. 읽다 보면 마음이 뭉클해진다.

여행은 사람을 여유롭게 만들고, 자신을 발견하여 성장하게 한다. 나는 여행을 좋아한다. 전 세계를 돌아다녀도 전혀 지치지 않는 파워 에너자이저다. 어려서부터 나들이를 좋아했다.

내가 아주 어릴 적 동사무소 앞에 관광버스가 서 있으면, 우리 지역에 결혼식이 있거나, 잔치가 있거나, 동네 어른들이 관광을 가는 날이었다. 초등학교 2학년 봄, 어느 일요일이었다. 할머니가 동네 빨래터에서 빨래를 하고 계셨다. 동사무소 앞에 관광버스가 서 있었고, 동네 할머니들이 하나둘 나들이옷을 차려입고 버스에 오르고 있었다.

그것을 보고 나는 빨래터에 계신 할머니에게 달려갔다. 우리는 왜 저 버스를 타지 않느냐며 우리도 가자고 졸랐다. 할머니는 묵은 빨래를 하려고 축의금만 전했다고 했다. 잔치국수랑 떡을 먹으러 가자는 나의 성화에 결국 할머니는 빨래를 뒤로하고, 나를 데리고 버스에 올랐다.

초등학교 3학년 때부터는 본격적으로 나 혼자만의 작은 여행이 시작되었다. 집안일로 친정 나들이를 못가는 엄마를 대신해 15리나 떨어진 외가에 다녀오곤 했다. 버스를 타고 20분, 걸어서 다시 20분쯤 가면 외가가 있었다. 나는 친할머니의 친정 나들이에도 따라나서곤 했다. 아들만 6형제를 둔 할머니는 따라다니기 좋아하는 손녀딸을 김포 마송의 친정이나, 신촌 남동생 집에 데리고 가셨다.

초등학교 4학년이 되면서부터 나의 여행은 본격화되었다. 방학이 되면 검바위_{인천 검암역}에서 버스를 타고, 걸어서 통진에 있는 아버지의 외가로 갔다. 신촌 외할아버지_{할머니의 남동생} 아들인 정현이 아찌_{젊은 아저씨뻘 사람을 부르던 호칭}와 부평 준영이_{아버지 외사촌의 딸}와 나는 그렇게 거기서 만나 며칠을 놀고 다음 방학을 기약하며 헤어지곤 했다. 성장하는 내내 나는 휴일이면 동네 친구네 집이라도 다녀와야 직성이 풀렸다.

그러나 결혼 후 대가족의 며느리 역할을 하다 보니 내 의지대로 여행을 갈 수가 없었다. 가부장적인 시댁 환경과 남편에게 맞추다 보니 나라는 존재를 인식하지 못하고 살았다. 어쩌다 15명 내외의 가족여행이라도 가게 되면 그마저도 시집살이 같았다.

내 나이 53세 때 단짝 친구가 암 진단을 받았다. 그 일을 계기로 생활 패턴을 바꾸기로 결심했다. 가족 없이 친구들과 여행을 하기 시작했다. 그전에는 남편 핑계, 애들 핑계, 일 핑계, 돈 핑계 등으로 여행을 미뤄왔던 것이 아쉬움으로 남는다.

그 이후 홀로 있는 시간을 많이 가지려고 노력했다. 이제는 나답게 쉴 수 있도록 친구들과 '소풍데이'를 정해 매달 1번 이상은 당일 소풍을 간다. 두 달에 한번은 우리만의 수학여행을 가고, 연중행사로 해외여행도 간다. 그 여행에서 나는 에너지를 얻고 마음을 충전한다.

이제는 유럽이나 하와이도 일주일씩 여행을 다녀올 용기가 생겼다. 내가 없어도 우리 집, 상담센터, 세상은 잘 돌아간다. 여행은 내가 행복을 느끼고, 오롯이 나만을 들여다볼 수 있는 자기 돌봄의 시간이다. 이제 여행을 떠나지 못할 이유가 없다. 친구들과의 환갑 여행이 벌써부터 기다려진다. 이렇게 여행을 통해 나는 인생의 추억을 하나하나 차곡차곡 쌓아갈 것이다.

7. 치매를 선택한 사람은 없다

파랑 오리
글: 릴리아, 그림: 릴리아, 출판사: 킨더랜드, 2018
성장한 악어가 파랑 오리를 안고 회상하는 장면으로 시작되는 작가의 자전적 이야기를 담은 그림책. 오래전 치매를 앓다 돌아가신 할머니와 함께 하는 시간과 공간 속에서 스쳐지나갔던 생각들을 담았다. 이 책을 읽고 누군가가 생각난다면, 그 사람의 기억이 마음속에 소중하게 남아 있는 거라고 작가는 전한다.

나에게는 양가 어머님들이 계신다. 두 분 모두 여든이 넘었다. 2019년 이후 나는 예전부터 생각했던 노인교육, 치매예방교육으로 인생 2막을 전환했다. 치매예방을 위한 '시니어 인지놀이 지도사' 자격과정을 유아교육 전공 박사님들과 준비했다. 노인 인구 증가, 평균 수명 연장, 노인 복지 등에 대한 사회적 관심이 높아진 것과 맥락을 같이 하기 위해서였다. 치매를 앓는 노인의 삶의 질도 문제지만, 치매 환자를 돌보는 가족들의 삶도 간과해서는 안 되기 때문이었다.

연세가 많은데도 불구하고 정신이 총명했던 친정할머니가 대장암 수술 후 치매로 7년여의 시간을 보냈다. 할머니는 새로 지은 친정집을 낯설어 했다. 아이들 밥 줘야 한다며 창문을 넘으려는 할머니를 지키느라 엄마가 고생이 많았다. 젊어서 할머니를 살갑게 대해주지 않던 할아버지에 대한 원망이 심해서였을까? 할아버지를 할퀴고, 할아버지에게 험담을 쏟아냈다.

친정에 간 어느 날 할머니를 씻기던 나에게 엄마가 퉁명스레 물었다.

"똥 싸고 냄새 나고 정신없는 할머니가 그렇게 좋으냐? 아직도 예쁘냐?"

"그럼, 내 할머니인데. 이렇게라도 내가 볼 수 있도록 더 사셨으면 좋겠네."

"똥 치우는 네 어미는 불쌍하지도 않냐?"

어느새 엄마도 돌봄을 받을 나이가 되었다는 걸 새까맣게 잊고 있었다. 그저 할머니에게 받은 사랑만 생각하고, 치매 걸린 시어머니 때문에 고생하는 엄마의 입장은 망각하고 있었다. 내 관점에서

만 말해서 엄마를 서운하게 한 것 같아 미안했다. 아이 키우고 내 일을 하느라 할머니를 자주 찾아뵙지 못했다. 할아버지도 3개월가량 치매를 앓았는데, 자주 찾아뵙지 못했다. 할머니, 할아버지의 간병은 전적으로 엄마의 몫이었다.

어느 덧 팔순을 넘긴 엄마. 하지만 엄마가 할머니, 할아버지처럼 치매에 걸린다면 가족의 보살핌을 받을 수 있을까? 아마 시설에 모셔야 할 것이다. 야속하게도 딸인 나마저 직장과 내 가정을 먼저 생각할 테니, 그저 치매가 오지 않기를 바랄 뿐이다.

그렇게 본다면 어머니 세대의 업보 같은 숙명을 우리 세대는 받아들이지 않을 준비를 벌써부터 하고 있는 것은 아닌가 싶다. 다행히 노인 복지를 국가 차원에서 어느 정도 지원해주고 있어서 가족들이 짊어져야 할 죄의식을 상당 부분 덜어주고 있다.

그림책 《파랑 오리》에서는 악어가 파랑 오리의 치매를 온전히 받아들이고 돌본다. 내리사랑은 있어도 치사랑은 없다는 말이 무색해지는 책이다. 사랑하는 것 혹은 사랑의 값을 치르는 것은 마음의 문제이고, 상황에 따라 치사랑도 있을 수 있음을 보여주고 있다.

두 번째 이야기

내 안의 힘! 삶의 여정!

김영순

노인교육지도사, KAC코치, 가족코칭지도사, 노인심리상담지도사, 레크레이션지도사, 인권강사, 생명존중자살예방지도사, 웃음치료코디사, 그림책테라피지도사, 치매예방지도사, 웰다잉상담지도사, 굿라이프지도사, 스마트폰활용지도사, 기후변화교육지도사, 독서경영전문가, 색종이접기지도사 등 다수의 자격증으로 폭넓게 강의활동을 하고 있다. 그림책의 매력에 빠진 후부터는 그림책을 강의와 코칭에 적극 활용하고 있다. 마지막을 마무리할 때 아름다운 죽음을 맞이하도록 돕는 호스피스 봉사, 강의 봉사, 우울감에 빠진 노년들을 대상으로 한 생명지킴이 무료 상담, 장애인 돌봄 봉사 등 여러 가지 봉사를 했고, 지금은 도서관 봉사에 매진하고 있다.

노를 든 신부

작은 눈덩이의 꿈

강아지똥

겨울, 나무

이까짓 거!

엄마의 초상화

마음 여행

1. 고정관념을 깨고 나답게

> 노를 든 신부
> 글: 오소리, 그림: 릴리아, 출판사: 이야기꽃, 2020
> 관습과 제도, 기만과 유혹을 물리치고 자신의 가능성을 찾아가는 유쾌한 신부의 이야기책. 지나치게 일반화된 고정관념을 깨고, 주도적인 삶을 살아가는 노를 든 신부를 보면서 나답게 살아갈 자신감을 얻을 수 있다.

낯선 곳을 향해 모험을 떠나는 소녀처럼, 나도 작가의 꿈을 안고 모험을 시작한다.

'잘할 수 있을까?'

'그럼 잘 할 수 있어!'

나를 토닥토닥한다. 누구에게나 처녀작이 있다. 드레스와 노 하나를 주면서 "이제 소녀가 아니라 신부구나" 하고 안아주는 부모에게서 힘을 받는 이 책의 신부처럼, 나도 스스로 힘을 받는다. 그래서 어려서부터 자신감을 심어주고, 할 수 있다는 꿈을 심어주신 부모님의 힘을 빌려 열정으로 글을 채워보려 한다.

다음은 이 책의 한 구절이다.

어느 늪에 빠진 사냥꾼이 도움을 청했습니다.
신부는 늪 주위를 두리번거렸습니다.
사냥꾼이 원망스러운 듯 소리쳤습니다.
"왜 저를 구해 주지 않는 거죠?"
"지금 밧줄을 찾고 있어요!"

이렇듯 기다란 노를 가지고 있으면서도 밧줄을 찾는 신부처럼, 사람들이 각자에게 있는 달란트나 강점을 발견하지 못한 채 헤매는 경우를 종종 본다. 많은 사람들이 자신이 무엇을 잘하는지 모르고 살아간다.

나는 코치 자격증을 취득하고 코칭을 통해 자신감을 얻었다. 사람들에게 자기만의 달란트와 강점을 찾게 해주는 길잡이 역할을 하는 것이 좋다. 제대로 된 길잡이 역할을 하기 위해서는 내가 짜 놓은 프레임에서 스스로 벗어나야 한다. 그러기 위해서는 내 안의 목소리에 귀를 기울여야 한다. 나를 구원할 사람은 오로지 나뿐이고, 내 인생의 책임자는 오직 나니까.

과거에 나는 두 번의 대형 사고를 겪었다. 또한 시댁 형제들과의 오해와 불화로 우울감을 맛보기도 했다. '왜 하필 나야?' 하고 억울한 생각이 들 때면 '그럴 수도 있지, 뭐!'라며 반드시 이겨내리라 다짐했다. 다른 사람이 어떤 말을 하든 거기에 반응하지 않으려고 했다. 정작 중요한 것은 나 자신부터 사랑해야 이웃도 사랑할 수 있기 때문이었다.

나는 강단에 서거나 코칭을 할 때면 신바람이 난다. 봉사를 할 때도 신이 난다. 책을 읽는 내가 좋다. 그림책 테라피도 다른 사람들에게 권장하고 싶다. 많은 인생 공부를 하게 해주기 때문이다. 인생은 다른 누군가가 정해주는 것이 아니다. 자기 스스로 선택하는 것이다. 핑계는 나의 발목을 잡고 나아가지 못하게 한다. 하지만 나는 끊임없이 배움을 통해 용기를 내고 새로운 것에 도전할 것이다.

2. 나에게 용기를 주는 노년의 꿈

> 작은 눈덩이의 꿈
> 글: 이재경, 그림: 이재경, 출판사: 시공주니어, 2016
> 도전, 방향, 성장, 용기, 조력자, 멘토링이라는 키워드를 가진 그림책이다. 작은 눈덩이가 어렵고 힘들지만 풍파를 잘 이겨내며 성장하는 것이 주된 내용이다. 나의 꿈을 향해 가고 있는 남녀노소 모두에게 앞으로 나아갈 용기와 희망을 준다.

다음은 이 책에 나오는 한 구절이다.

"어떻게 하면 큰 눈덩이가 되나요?"
"열심히 굴러가라."

나는 너무 많은 고통과 시련을 겪고, 바쁘다는 핑계로 자신을 돌아볼 여력이 없었다. 이 책《작은 눈덩이의 꿈》을 읽고는 주인공인 작은 눈덩이를 닮고 싶어졌다. 그렇다. 우리에게 결코 절망은 없다. 수기를 쓰다가 완성하지 못하고 귀천하신 엄마에게 그녀가 믿고 사랑한 셋째 딸이 시니어 작가가 되어 소원을 풀어드리겠노라고 마음속으로 소리쳐 본다.

나도 과거에 작은 눈덩이처럼 가파른 언덕길을 숨가쁘게 달린 적이 있었다. 내 꿈을 향해 마음속 눈덩이를 용기를 내어 굴려본 적도 있었다. 하지만 유난히 시련과 고통이 많았던 나에게 꿈을 성취하는 것은 결코 호락호락한 것이 아니었다.

나는 교사인 엄마. 직장인 아버지에 다복한 가정의 셋째 딸로 태어났다. 그렇게 태어나 행복하게 지내던 어느 날, 아버지가 시력이 급격히 나빠지셨다. 많은 돈을 들여도 나을 수 없는 망막색소변성증이었다. 그때부터 엄마의 고생은 필설로 다 표현할 수가 없다.

나는 롤 모델인 엄마처럼 사랑 가득한 선생님이나 기자가 되고 싶었다. 그러나 그 꿈은 어려워진 형편 때문에 이룰 수가 없었다. 언니, 오빠들이 결혼한 후에는 내가 뒤이어 가족들의 생계를 책임져야 했다. 그렇게 직장에 다니던 어느 날, 엄마의 대장암 소식이 전해졌다. 그때의 막막함이란. 하늘이 무너져 내리는 기분이었다.

결국 오랫동안 엄마의 병간호를 하며 모든 꿈을 내려놓을 수밖에 없었다. 엄마는 3년 7개월을 투병하다 돌아가셨다. 셋째 딸과 막내딸 결혼식도 못 보고 하늘나라로 귀천하셨다.

엄마 병원비 때문에 얼마간의 빚이 생겼다. 빚을 갚고 나서 공부에 매진하려 할 때 큰언니가 중매가 들어왔다면서 결혼을 재촉했다. 엄마의 유언이라며. 할 일이 많아서 미루자고 해도 막무가내였다. 양반집 큰아들이라고 주선을 하는 큰언니의 우격다짐으로 결혼을 하게 되었다.

행복하리라 믿었던 결혼생활은 고통의 연속이었다. 뇌출혈로 쓰러진 시어머니는 두 번의 뇌수술을 받았다. 투병 중에 대소변도 받아내야 했다. 그 모든 병수발은 오로지 내 몫이었다. 시부모에게 효도하라는 친정 엄마의 음성이 귓전을 울렸다. 친정 부모 욕 먹이지 않으면 효부 소리 듣는다는 엄마 목소리와 큰며느리라는 올가미에서 벗어날 방법이 없었다

온갖 수발을 든 시어머니의 뒤를 이어 시아버지마저 귀천하시고 나자 나는 이제서야 내 꿈을 펼쳐볼 수 있으려나 싶었다. 그런데 모든 부모들이 그렇듯, 자식들 뒷바라지가 기다리고 있었다. 성장한 딸을 결혼시키고 손주들의 재롱을 보며 지내는 동안 세상을 다 얻은 것처럼 행복했다. 그러던 어느 날, 손주들과 술래잡기를 하다가 그만 뒤로 넘어졌다. 후유증으로 척추가 손상되어 장애가 생기고 말았다.

24시간 고통스럽지만, 내 인생을 책임질 사람도 나이기에 잘 이겨내자고 하루에도 몇 번씩 다짐해본다. '호기심 천국 열정 후덕'이라는 별칭도 받았다. 많은 자격증 공부를 하면서도 강사와 시민기자의 꿈을 이루었다.

살아오면서 느낀 좌절감, 상실감, 박탈감을 이겨내고 어떻게 살아가야 할지를 나는 《작은 눈덩이의 꿈》에서 배웠다. 실패를 실패

로 여기지 않고, 실패를 극복한 자만이 성공을 맛볼 수 있다는 마음으로 살게 되었다. 눈덩이처럼 세상을 구를 때는 겁도 나고 아프지만, 인내하고 노력하면 성공은 약속되어 있다는 것을 알게 되었다. 이제 나는 큰 눈덩이를 희망하기보다 작은 눈덩이에 꽂힌 나뭇가지들을 뽑아주는 까마귀와 같은 조력자가 되고 싶다.

세상사를 살다 보면 마음속에 깊게 박힌 나뭇가지들이 있게 마련이다. 돌이킬 수 없는 상처를 안고 땅굴로 들어가 숨고 싶을 때도 있다. 그럴 때 이 책을 들고 읽어본다면 어떨까. '땅굴로 들어가면 안 돼. 나는 할 수 있다'고 스스로 용기를 내고, 좌절의 늪에서 용기를 길어 올릴 수 있지 않을까.

3. 나를 낮추는 것이 진정한 자존감

> **강아지똥**
> 글: 권정생, 그림: 정승각, 출판사: 길벗어린이, 2014
> 1996년 출간 이후, 아이부터 어른에 이르기까지 큰 사랑을 받았던 명실상부 우리 그림책의 고전. 이 책에 담긴 사랑과 나눔, 모든 생명을 귀히 여기는 마음은 우리 모두가 지켜야 할 소중한 가치이다. 그렇다. 쓸모없는 것은 아무것도 없다.

이 책 《강아지똥》은 나이 핑계를 대며 맥이 빠져 있을 때 다시 힘을 내서 활동할 수 있도록 큰 용기를 주었다. 그 당시 나는 '나이 들어서 무엇을 하겠다는 거야? 이제 포기해'라는 생각에 모든 것을 내려놓고 싶었다. 이 때 이 책은 내면에 있는 나라는 아이에게 귀를 기울이게 해주었다.

'너는 배우는 것을 좋아해서 많은 것을 배웠어. 그리고 마음속에 뜨거운 열정이 있잖아.'

'사람이 한 권의 책이라고 하잖아. 힘내! 강아지똥도 민들레꽃을 피우는 거름이 되어 주었잖아. 노인 한 명이 죽으면 도서관 하나가 없어지는 것과 같다는 아프리카 속담이 있잖아. 순, 너도 멋진 사람이 될 수 있어.'

그렇다. 나는 《강아지똥》이라는 밧줄을 통해 이러한 생각을 끄집어내며 체념이라는 늪에서 벗어날 수 있었다.

UN은 70대를 중년이라고 말한다. 나는 이제 내 나이가 인생의 걸림돌이라고 생각하지 않는다. 인생에서 온갖 파도타기를 하며 열심히 살아온 나를 발견하고, 다독이면서 나 자신을 위해 즐겁게 살자고 다짐해본다. 나는 《강아지똥》을 읽고 생각하는 힘의 위대함을 알았다. 이 책에서 민들레는 강아지똥을 보고 이렇게 말한다.

"네가 네 몸뚱이를 고스란히 녹여 내 몸 속으로 들어와야 해. 그래야만 별처럼 고운 꽃이 핀단다."

어디에도 쓸모없을 것처럼 여겨지던 강아지똥은 비를 맞아 잘게 부서져 민들레꽃을 피워내는 소중한 밑거름이 되었다. 나는 마음

근육을 키워 쓸모 있는 사람으로 강하게 살 것을 스스로에게 약속하며 큰 소리로 웃는다.

나는 70세가 넘어 깨달았다. 남녀노소 쓸모없는 사람은 없다는 것을. 환자 가족을 돌보는 간병인은 사랑을 베풀고, 환자는 간병인에게 사랑을 베풀 기회를 주며 서로 덕을 쌓는다. 나도 배우고 나누며 성장하기 위해 열심히 노력할 것이다.

지금까지 살면서 이웃에게 어떤 영향을 끼쳤는지 생각하며 나를 돌아본다. 하늘의 별들과 밝은 태양이 나를 행복한 인생으로 인도해 줄 거라 믿어 의심치 않는다.

이 책《강아지똥》은 "아이고 더러워" 하며 사람들이 피해가는 버려진 존재, 가장 소외된 존재, 버림받은 존재에게 관심을 가지라고 말한다. 강아지똥 덕분에 예쁜 민들레꽃이 피듯, 우리 모두 이 세상 낮은 곳에서 함께 하는 가족, 따뜻한 동네, 따뜻한 사회 더 나아가 훈훈한 나라를 만들어 가기를 소망해본다.

4. 나무 속 나, 삶을 반추한다

> 겨울, 나무
> 글: 김장성, 그림: 정유정, 출판사: 이야기꽃, 2020
> 우리가 보는 나무의 모습은 어떤가? 서리 지고 눈 내리는 겨울이 와도 제 자리, 제 모습을 지키는 것은 꽃과 잎과 열매 뒤에서 그것들을 내고 받치고 키우던 가

> 지와 줄기와 뿌리가 있기 때문이다. 이 책은 꽃도 잎도 열매도 떠나보내고 그 자체로 남은 '겨울, 나무'를 통해 나무의 참모습을 노래하고 있다.

　우리는 자신과의 대화로 마음을 열고, 세상과 자신을 연결한다. 우리가 서로 영향을 미치고 상호작용을 하듯이, 나무와의 대화는 우리에게 많은 교훈을 준다. 꽃과 잎과 열매를 맺고, 벌레에게 상처가 나고, 딱정이 앉은 몸뚱이로 말없이 고난을 겪으며 주름진 나무. 키우고 지키느라 가려져 있다가 비로소 제 모습을 되찾는 겨울나무 같은 사람. 가족과 다른 이들을 위해 무언가 줄 수 있었다는 것이야말로 소중한 나의 모습이다.

　당신은 어떤 모습인가? 당신도 겨울나무처럼 자신을 다 벗어주며 씨앗이 성장하도록 해준 밑거름이었으리라!

　상처를 겪을 때마다 나무가 가진 딱정이들을 보며 시간과 인내의 중요성을 배운다. '내 삶도 그랬지' 하며 겨울나무에게서 나의 자화상을 본다.

　그림책은 나에게 꿈을 갖게 한 성장의 원동력이었다. 나락으로 떨어져 아무런 희망도 없을 때, 다시 꿈을 꾸고 일어서게 해주었다. 꽃을 피우고도 정작 보지 못하는 잔가지 같은 삶을 살던 나에게 뒤안길을 돌아보게 한 것도 그림책이었다.

　꽃도 잎도 열매도 떠난 겨울, 무정한 벌레가 갉아먹은 상처들을 바라보며 나는 내 살갗에 새겨진 주름을 생각했다. 사람의 향기를 얼마나 품고 살았는지 돌아보게 되었다. 줄기에서 독특한 향이 나는 목향木香은 줄기에서 붉은 빛이 돌기 때문에 자단紫檀이라고도 불린다. 향나무는 하늘과 사람을 연결해주는 향불 재료로 쓰였을 뿐만 아니라 그 향기는 몸과 마음을 맑게 해준다. 아름드리 향나무 앞에서 나무줄기에 담긴 세월의 흔적을 되짚어 보며 나에게는 어떤 향기가 있을까 문득 궁금해진다.

나는 갖은 풍파를 견디며 남매를 사랑으로 키웠다. 눈에 넣어도 아프지 않을 자식들을 키우느라 모진 고생도 마다하지 않았다. 사랑하면 고생도 견딜 수 있다는 엄마의 말씀을 새기며 양가 형제들을 뒷바라지했다. 양가 부모님 병간호를 하느라 꿈도 접어야 했다.

모진 풍파 속에서도 《겨울, 나무》는 내 인생의 2모작과 3모작을 준비할 수 있는 힘을 주었다. 《겨울, 나무》를 읽고 나서 그만하면 잘 살았다고, 아니 잘 살아냈다고 스스로를 토닥여주었다. 이제는 강건한 뿌리의 역할을 하는 사람으로, 그동안 인생에서 배운 것을 교학상장敎學相長하며 노년의 아름다운 삶의 꽃을 피우려 한다.

5. 포기도 습관이다

이까짓 거!
글: 박현주, 그림: 박현주, 출판사: 이야기꽃, 2019
이 책은 일상적인 작은 것들이 얼마나 소중하고 중요하며 감사한지 알고, 자신의 가치를 인정하고 존중하는 마음가짐을 가지라고 말한다. 내 삶의 상황과 조

> 건이 여의치 않거나 실수를 하더라도 '이까짓 거!' 하며 훌훌 털어내고 용기를 갖고 일어서라는 삶의 지혜를 준다.

이 책은 누구나 한두 번은 경험해 본 상황이나 보편적인 문제를 들어 이야기를 전개해 나간다. 주인공이 우산 없는 상황에 어떻게 반응하고 대처하는지를 보며 문득 어린 시절이 떠올랐다.

한 번은 학교 수업이 끝나는 시간에 소나기가 갑자기 쏟아졌다. 그 소나기를 맞으며 집으로 가는 내내 속상했던 기억이 있다. 어려운 형편에 돈을 버느라 마중을 못 오셨던 엄마. 나도 엄마가 되고 할머니가 되어 보니 그때 발을 동동 구르며 마음 아팠을 엄마의 마음속 소리가 들리는 듯했다. 그런 엄마는 "우리 셋째 딸은 무엇이든 잘할 수 있어. 열심히 해봐"라며 늘 용기를 심어 주셨다.

《이까짓 거!》라는 그림책에는 비가 오는 창밖을 바라보고 있는 주인공이 나온다. 주인공은 핑크색 옷을 입고 있다. 도대체 작가는 핑크색에 어떤 의미를 담았을까? 아마도 마지막에는 따뜻한 사랑이 있는 행복한 결말을 암시한 것은 아닐까?

책 속에서 마중 나온 친구 아빠는 주인공에게 이렇게 묻는다.

"마중 올 사람 없니. 같이 갈래?"

"아, 아니요. 엄마 오실 거예요."

주인공은 엄마가 오지 못할 것을 알면서도 이렇게 답한다. 지난해 같은 반이었던 친구 준호도 우산이 없다. 주인공은 준호에게 묻는다.

"홍준호, 너도 우산 없니?"

준호가 오히려 되묻는다.

"너는 안 가냐?"

친구의 그 한마디 말에 주인공은 가방을 우산 삼아 빗속을 달리기 시작한다. 이처럼 어려움이 있거나 고통스러울 때 용기를 주는 따뜻한 말을 건네는 친구는 인생의 보약이다. 나도 누군가에게 보약 같은 사람이 되어 주고 싶다.

작년에 생각하기도 싫은 컴퓨터 바이러스 사건을 겪었다. 오랫동안 강의를 다니며 만들었던 PPT 자료, 자격증 교재들, 가족사진과 추억의 사진들이 든 외장하드가 그날따라 컴퓨터에 연결되어 있었다. 파일들을 복구하기 위해 여기저기 뛰어다녀 봤지만 결과는 복구 불능, 속수무책이었다. 그 말에 마음이 나락으로 떨어졌다. '그래 나이도 있는데, 이제 그만하지 뭐.'

언제부턴가 나는 나이를 핑계 삼는 습관이 생겼다. 그간의 노력이 한꺼번에 모두 날아가 버린 것만 같아 우울했다. 그렇게 무력감과 상실감에 빠졌을 때 이 책을 만났다. '그래. 다시 만들면 되지. 할 수 있어'라며 동기 부여를 해주었다. 나의 감정을 들여다보고, 나를 바로 알며, 앞으로 나아갈 수 있는 용기를 주었다.

나는 시련을 극복하고 더 성장하려면 용기가 필요하다는 이 그림책에 매료되었다. 이처럼 아무리 어려운 일이라도 마음만 잘 고쳐먹으면 인생이 바뀐다. 이 책은 이처럼 큰 시련도 헤쳐나갈 수 있는 용기를 주고, 작은 것들을 존중하고 감사하는 마음을 가지게 해주었다.

"순, 잘했어. 너는 앞으로도 계속 잘해낼 수 있어. 이까짓 거, 뭐라고."

나는 최면을 걸어 포기하는 습관을 버리자고 오늘도 스스로에게 다짐해본다.

6. 엄마와 나를 그린 두 개의 다른 손

> 엄마의 초상화
>
> 글: 유지연, 그림: 유지연, 출판사: 이야기꽃, 2014
>
> 우리 삶에 위대한 존재인 엄마. 그런 엄마에 대한 그리움과 감사를 담은 책이다. 이 책은 자녀의 기질에 부모의 기질이 심어져 있음을 말하고 있다. 엄마의 추억과 가족이 함께 했던 시간들을 돌아보며 세대를 초월해 엄마의 사랑과 마음을 전한다.

세상에 태어나 맨 먼저 불러본 이름, 엄마! 자녀가 보고 있는 엄마의 초상화에는 끝없는 사랑과 감사가 담겨 있다. 자녀의 마음속에도 엄마의 사랑이 새겨져 있다.

삶에는 무릇 여백이 있어야 한다. 이 책은 엄마라는 존재를 통해 인생의 여백을 느끼게 해준다. 엄마가 옆에 있듯 엄마를 불러보고, 엄마의 모습에 행복한 내 모습을 그리며 하나하나 시간을 정리하도록 해준다. 엄마의 삶에는 평화로운 날도 있었고, 고통스러운 날도 있었을 것이다. 엄마의 일생을 회상하니 눈물이 주루룩 흐른다. 시간이 흐르고 나니 지난 추억들이 가슴속 깊이 새겨져 있다. 하나하나 작은 보물 상자들이 담겨 있는 것 같다.

우리는 엄마가 되어서야 비로소 참부모의 마음을 알아차린다. 나는 엄마 대신 작가가 되고 싶었다. 이 책 그림 속 두 사람은 도대체 누구일까? 초상화를 그린 사람은 누구일까? 엄마는 안다. 초상화의 풍경은 사랑의 기억들로 가득 차 있고, 변함없이 이어진다는 것을.

우리 엄마 미영 씨, 미영 씨 모습에서 엄마를 본다. 미영 씨 보습에서 내 모습을 보게 된다. 익숙한 엄마의 모습 속에 낯선 미영 씨가 살고 있듯, 나의 내면에도 열정 가득했던 엄마가 있다. 어둠 속에서도 엄마의 미소는 반짝인다. 지치고 힘들 때면 엄마의 그 미소를 바라보며 마음의 여유를 찾는다. 자녀들 속에는 부모의 기질이 숨어 있다.

이 책은 우리에게 누구나 가치와 존재감이 있고, 인정받을 권리가 있음을 알게 해준다. 우리는 누구보다 특별하고, 소중한 엄마의 자랑스러운 아이임을 가르쳐 준다. 이렇듯 《엄마의 초상화》는 엄마와 자녀 사이의 감정을 따뜻하게 표현하여 상처 받은 마음을 치유하고 위로해주는 그림책이다. 사랑과 용기를 전하는 이야기로, 자신을 사랑하고 격려하도록 내면에 힘을 준다.

눈에 넣어도 아프지 않을 자식들을 키우느라 절망적 상황을 극복하고 모진 고생도 마다하지 않으셨던 우리의 엄마! 갖가지 이유로 마음을 접어야만 했던 많은 엄마들에게 꿈을 다시 펼치라고 응원하고 싶다.

7. 잃어버린 나를 찾아서

> 마음 여행
> 글: 김유강, 그림: 김유강, 출판사: 오올, 2020
> 누구나 존재만으로도 빛난다. 이 책은 읽는 이로 하여금 감정, 자존감 등 자기 삶의 문제들을 살피게 해준다. 어려운 상황에서 실패와 마주하더라도 긍정적인 마음가짐으로 용기와 자신감을 가지고 해결하라는 교훈을 준다. 내 삶에 울림을 주는 깊은 성찰로 진정한 마음 치유를 향해 떠나게 해주는 그림책이다.

바쁜 일상에 희망도, 열정도 모두 빠져나간 것 같아 멍 때리고 앉아 있을 때가 있다. 그럴 때면 '잃어버린 공허한 내 마음 못 찾으면 어떻게 하지?' 하는 생각에 아픈 마음을 만져보곤 한다.

인디언들은 말을 타고 가다가도 어느 순간 말에서 내려 말없이 한참을 뒤돌아본다고 한다. 너무 빨리 달려와서 자신의 영혼이 미처 따라오지 못할까봐 그런다고 한다.

나는 다 포기하고 싶었을 때면 '내 마음은 왜 이럴까?' 하고 스스로에게 묻는다. 내 마음을 찾아 달래도 보고 두드려도 본다. '내 마음에 무엇을 채워야 할까?'라고 자문자답하면서 귀도 기울여 보고 내 마음도 정화시킨다. 이 일련의 과정을 거치고 나면 내 마의음

그릇이 커졌음을 느끼게 된다.

　배우고 싶은 열망에 가득 차 '호기심 천국'이라는 별명을 얻고, 계속해서 많은 자격증을 취득하고, 독서를 하면서도 무언가 가슴속에 아쉬움이 남았 있었다. 그 공허한 마음속 빈자리를 채우기 위해 학위 취득에 도전하게 해준 책이 바로 《마음 여행》이었다.

　사람은 올라갈 때가 있으면 내려갈 때도 있다. 어려운 난관을 만났을 때 포기할 것인가, 나를 돌아보고 다시 매진할 것인가는 내 마음 근육의 단단함에 달려 있다. 그것을 나는 이 책을 통해 비로소 깨달았다.

　이제는 노년들에게 희망의 씨앗이 되기를 희망하면서 '나는 뭐든 해낼 수 있다'고 마음속으로 크게 외쳐본다. 마음속 요정이 본래 당신은 마음 근육이 단단하고 빛났던 존재라며 자신감을 가지라고 토닥인다. 이 책은 이렇게 자신이 가치 있는 존재임을 깨닫고, 자신의 잠재력을 발견하여 더욱 더 성장하라는 희망의 메시지를 전한다.

세 번째 이야기

나비처럼 나빌레라

김차순

아들 셋을 둔 엄마다. 아이와 함께 시작했던 독서 모임을 20여 년째 하고 있다. '어린이 독서지도', '엄마 책상 갖기', '아버지 독서 모임'에서 연구원으로 활동했다. 현재는 아이들에게 책과 품성으로 꿈을 선물하기 위해 품성독서경영 지도자, 그림책 하브루타 지도자로 활동하고 있다.

말하면 힘이 세지는 말

두 사람

너는 최고의 작품이란다

샌지와 빵집 주인

생각을 모으는 사람

행복한 청소부

바다로 간 화가

1. 말의 힘

> 말하면 힘이 세지는 말
> 글: 미야니시 다쓰야, 그림: 미야니시 다쓰야, 옮김: 김지연, 출판사: 풀빛, 2002
> 당신은 이 책에서 별나게 행동하고 엉뚱하게 말하는 눈썹 아저씨를 만날 수 있다. 그를 만나면 '힘이 세지는 말'이 무엇인지 알 수 있다. 날마다 재미있고 기쁜 일을 생각하며 사는 눈썹 아저씨를 보면서 스스로 행복해지는 일이 생각보다 단순하고 쉽다는 것을 깨달을 수 있다.

"만 번 이상 되풀이해서 말하면 어떤 일이든 반드시 이루어진다"는 아메리칸 인디언의 격언이 있다. 이처럼 말은 신비로운 힘을 지녔다.

말은 우리 생활에서 매우 중요한 역할을 한다. 우선 말은 우리 생각과 감정을 전달하는 수단이다. 칭찬과 격려의 말은 힘들 때 우리 마음을 편안하게 해주지만, 비난의 말은 상처를 준다. 또한 말은 다른 사람들과의 관계에도 큰 영향을 미친다. 우리가 선택한 말은 우리가 어떤 사람인지 보여주기도 한다. 그 말이 사람을 살리기도 하고, 죽이기도 한다. 내가 무심코 한 말이 다른 사람에게 상처를 주어서는 안 될 것이다.

독서캠프에서 '말의 힘'에 대해 실험을 한 적이 있다. 똑같은 환경을 만든 후 5일 동안, 한쪽은 "고마워", "사랑해", "너는 할 수 있어", "괜찮아", "너는 최고야"와 같이 긍정적인 말을 계속하고, 다른 한쪽은 "슬퍼", "못해", "안 해", "안 될 거야"와 같이 부정적인 말을 계속했다. 신기하게도 밥에 피는 곰팡이의 모양과 양이 다르게 나타났다. 부정적인 말을 한 쪽에는 곰팡이가 까맣게 피었고, 곰팡이 양도 많았다. 반면에 긍정적인 말을 한 쪽에는 곰팡이가 옅게 나타났고, 현저히 적게 피었다.

5일간의 실험이었지만, 이것은 놀라운 결과를 보여줬다. 말의 힘이 얼마나 큰지, 긍정의 언어를 사용하면 어떤 변화가 일어나는지. 말이 원하는 것을 창조하는 강력한 도구일 뿐만 아니라, 바른 언행이 얼마나 중요한지를 증명해 준 것이다.

나에게는 아들이 셋 있다. 그중 유독 둘째 아들에게 매정한 말을 많이 했다. 아이는 유아기를 지나면서 꾸며서 이야기하기를 좋아했다. 어쩌면 그런 현상은 맏이와 막내 사이에 낀 둘째의 응석이었는지도 모른다. 온전히 나만 바라봐 달라는. 그러나 심적 여유가 없던 나는 그런 둘째에게 교육자적인 태도를 취했다.

어느덧 대학생이 된 둘째 아들이 나에게 넌지시 물었다.

"엄마의 말이 나를 얼마나 힘들게 했는지 아세요?"

순간, 나는 몹시 당황했다.

"그런 적 없어. 너 때문에 오히려 내가 더 힘들었지."

무심결에 나온 말이었지만, 다시 쓸어 담을 수는 없었다.

"엄마는 지금도 똑같아요. 물론 내가 잘못을 했겠지만, 좋은 말을 해주셨다면 내가 힘들지 않았을 거예요. 엄마의 말투는 나를 주눅 들게 했어요. 엄마의 비교하는 말투는 정말 기분 나빴어요."

내 말이 아들 마음에 칼날처럼 박혀 있었다니. 나는 아들의 고백에 곧바로 사과했다. 그 후로 둘째 아들은 말과 행동이 공손해졌다. 그리고 힘든 시기를 보내던 나에게 기댈 수 있는 기둥처럼 위로와 도움을 주었다. '그 말 한마디가 뭐가 어렵다고 왜 일찍 해주지 못했을까?' 하는 후회가 든다.

철학자 하이데거는 '언어는 존재의 집'이라고 말했다. 언어는 깊은 생각을 담고 있어야 한다. 하지만 말을 쏟아 버리고 나서 후회되는 일이 얼마나 많은가? 우리 속담에 "말 한마디에 천 냥 빚을 갚는다"라는 말이 있다. 이처럼 말의 힘은 무척 세다. 그리고 예언 같은 마법을 일으키기도 한다. 망망대해에서 표류하는 것 같은 인생에서 가까운 사람의 따뜻한 말 한마디는 어둠 속 등대가 되기도 한다.

2. 두 사람 사이에 깃든 의미

> **두 사람**
> 글: 보나 호미엘레프스카, 그림: 보나 호미엘레프스카, 옮김: 이지원, 출판사: 사계절, 2000
> 《두 사람》은 세상에서 가장 가까운 두 사람 사이에 깃든 의미를 멋진 비유로 아

> 름답게 설명하는 그림책이다. 이 책에는 세상의 수많은 '두 사람'이 서로를 탐구하고 이해하기를 바라는 작가의 마음이 담겨 있다. 서로 같은 곳을 바라보기도 하고, 다른 곳을 바라보기도 하는 '두 사람'의 관계를 절묘하게 표현한 그림이 돋보인다.

인생은 혼자보다 두 사람이 함께 하는 것이 더 의미 있는 순간을 만들기도 한다. '아내와 남편', '부모와 자녀', '친구와 친구', '언니와 동생', '동료와 동료' 사이인 두 사람은 어쩌면 세상에서 가장 가까운 관계일 수 있다. 공기와 물이 없다면 잠시도 살 수 없는 것처럼, 우리는 관계를 맺지 않고는 한순간도 살아갈 수가 없다.

우리는 이렇게 세상에서 가장 가까운 두 사람 사이에 깃든 의미를 평소에는 잘 알아차리지 못한다. 두 사람은 서로에게 자물쇠처럼 닫힌 서로의 마음을 열어주는 열쇠가 되기도 하고, 함께 휩쓸리는 두 섬이 되기도 한다. 또한 두 사람이 함께여서 힘든 일이 쉬워지기도 하고, 더 어려운 일이 생기기도 한다.

열쇠는 자물쇠를 열고 닫을 수 있는 유일한 도구다. 두 사람이 함께 살아간다는 것은 서로를 이해하고, 공감하며, 서로의 성장과 발전을 도모할 때 가능하다. 그렇게 되면 서로가 행복을 느끼고, 더욱 돈독해진다. 하지만 행복한 관계를 만들기 위해서는 서로의 노력이 필요하다. 낮과 밤처럼 가까워질 수 없을 때는 접점을 찾기 위한 노력과 이해가 필요하다.

이 책에서는 두 사람이 함께 하는 것에 대한 '쉬움'과 '어려움'이

옷 한 벌로 그려져 있다. 각각 반쪽만 있는 여자의 옷과 남자의 옷이 두 개의 단추로 여며진 채 그려져 있다. 이 책에서 두 개의 반쪽 옷에 각기 어울리는 색깔과 단추를 선택함으로써 조화로운 이미지를 만드는 것처럼, 관계도 서로 조화와 균형이 필요하다.

두 사람이 함께 살아가는 것이 항상 원활하고 쉬운 것은 아니다. 특히 다른 환경에서 자라고, 다른 생각을 가진 두 사람이 부부로 산다는 것은 정말 어렵다. 남편과 나는 정반대의 성향을 지녔다. 취향도 다르고, 좋아하는 것도 다르다. 그러나 '신앙'을 매개로 서로 공감하고, 이해하고, 다름을 인정하며 살고 있다. 서로 다른 생각과 가치관, 성격 등으로 생긴 갈등을 극복하고 나니 관계가 더욱 강화되었다.

어쩌면 혼자 잘하는 것보다 서로가 서로의 가치를 알아가고, 협력과 협치를 통해 인생을 알아가는 것이 삶은 아닐까. 나태주의 시 '꽃을 보듯 너를 보다'처럼 함께 할 때 아름다운 관계의 꽃이 피는 것은 아닐까.

3. 나에게 들려주고 싶은 최고의 사랑 고백

너는 최고의 작품이란다
글: 맥스 루케이도, 그림: 글루웍스, 옮김: 박혜령, 출판사: 두란노서원, 2003
애벌레 허미는 풀만 뜯어먹는 자신의 초라한 모습에 다른 친구들처럼 멋진 줄무

> 늬와 예쁜 점을 달라고 한다. 하나님은 허미를 최고의 작품으로 만드는 중이라
> 고 말씀하신다. 못생긴 애벌레 워미도 개미처럼 힘이 세지도, 달팽이처럼 멋진
> 집을 가지고 있지 않는 자신이 싫다고 한다. 하나님께서는 워미를 위해 최고의
> 작품을 준비 중이라고 하신다. 과연 허미와 워미에게는 무슨 일이 일어날까? 그
> 리고 이 세상에서 단 하나뿐인 최고의 작품은 무엇일까?

종종 사람들은 자신을 그 자체로 소중히 여기는 대신, 눈에 보이는 외적인 모습으로 평가한다. 오십이 넘은 중년에 아직도 자신의 신체조건 때문에 괴로워하는 친구가 있다. 이 친구는 나보다 키가 조금 작지만 예쁘고 재능도 많다. 그림을 잘 그려 아티스트로 일하기도 했다.

그럼에도 불구하고 키 이야기만 나오면 시무룩해지고 눈물을 글썽인다. "키가 조금만 컸으면 좋은 직업도 선택하고, 내가 하고픈 일도 많이 했을 거야, 그런데 키 때문에…"라고 말하는 친구를 볼 때면 안타깝다. '자기 재능을 가지고 자신 있게, 떳떳하게 살아가면 좋을 텐데' 하는 생각이 든다. 하지만 이런 말조차도 나는 친구에게 하지 못하고 있다.

작가인 C. S. 루이스는 사람을 가장 불행하게 만드는 것은 비교의식이며, 이것으로 인해 내가 다른 사람보다 조금 나을 때는 교만해지고, 조금 모자랄 때에는 낙심이나 열등의식을 갖게 된다고 말했다. 나도 낙심이 찾아올 때면 '왜요 하나님? 저는 똑똑하지도 않고, 무엇 하나 똑 부러지게 할 줄도 모르고, 넉넉한 형편도 아니

고…'라고 푸념을 하곤 했다.

　이 책에 나오는 허미는 그런 나와는 달리 때마다 하나님께 기도하고, 하나님 음성에 반응하며, 감사할 줄 아는 멋진 애벌레다. 나비가 되기 전 허미의 다음과 같은 고백에 나는 정말 큰 감명을 받았다.

"저는 볼품없는 애벌레여도 괜찮아요, 하나님이 저를 사랑해 주시고, 그래서 저는 특별하니까요."

　이 세상에 아름답지 않고, 예쁘지 않는 사람은 없다. 나름대로 목적과 사명이 다름에도 불구하고, 우리는 모든 기준을 학벌, 좋은 집안, 좋은 스펙, 외모 등 외적인 것에 맞추고 있다. 하지만 그것을 갖추지 못했다고 해서 결코 실망할 필요가 없다. 정말로 소중한 것은 내가 존재하는 것, 그 자체이기 때문이다.

　자신을 늘 보잘것없는 존재로 여기던 애벌레 허미가 이 세상에 단 하나밖에 없는 가장 멋진 나비가 되기까지의 과정을 보면서 나 자신이 이 세상에서 단 하나뿐인 최고의 작품임을 깨닫고 희망을 가지게 된다. 사실 어떤 존재든 그 한 사람 한 사람은 무엇과도 바꿀 수 없는, 세상에서 가장 고귀하고 소중한 존재다.

　그래서 나는 오늘 나에게 최고의 사랑 고백을 해본다.

"차순아, 너는 최고의 작품이란다!"

4. 정의라는 이름의 정체

> 샌지와 빵집 주인
> 글: 로빈 자네스, 그림: 코키 폴, 옮김: 김중철, 출판사: 사계절, 2004
> 주인공 샌지는 여행 도중 전설의 도시 후라치아에 잠시 머문다. 그리고 빵집 바로 위 작은 방을 구해 지친 몸을 쉰다. 매일 밑에서 맛있는 빵 냄새가 풍겨오지만, 가난한 샌지에게는 그림의 떡. 샌지는 빵 냄새만이라도 실컷 맡으려 하지만, 욕심 많은 빵집 주인은 이것조차도 못마땅하다. 결국 빵집 주인은 빵값을 내라고 협박하고, 둘은 급기야 재판관을 찾아간다.

각종 뉴스를 볼 때마다 '도대체 정의가 있기는 한 걸까?' 하는 생각이 든다. 지금 우리 사회에 가장 시급한 과제는 '공정과 정의'가 아닐까 싶다. 누구나 평등해야 할 법 앞에 고무줄처럼 제멋대로인 판결과 형량을 보며 '유전무죄 무전유죄'라는 말을 실감할 때가 많기 때문이다.

아이들과 함께 《샌지와 빵집 주인》이라는 그림책을 읽고 토론한 적이 있다. 특히 인물의 표정이나 몸짓을 섬세하고 재치 있게 표현해서 다양한 느낌을 가질 수 있었다.

책 속에서는 빵 냄새를 실컷 맡는 것을 행복으로 여기며 사는 샌지와 그것이 못마땅한 빵집 주인 사이에 신경전이 재미있게 펼쳐진다. 과연 누가 옳고, 그른 것일까? 샌지가 냄새를 맡기 위해 기계를 제작하는 것을 보면서 의견이 분분해졌다. 냄새는 무형이지만,

그 가치까지 인정해야 한다는 의견을 접한 후 도대체 눈에 보이지 않는 가치를 어떤 방법으로 측정해야 할지 생각하게 되었다.

　이 책에서 주인공 샌지는 냄새를 맡는다는 이유로 빵집 주인에게 위협을 당하고, 고소까지 당한다. 우리도 주변의 층간 소음이나 담배 냄새 등으로 피해를 볼 때가 있다. 내가 3층 주상복합아파트에 살았을 때, 1층에는 고기집이 있었다. 식당에서 냄새와 함께 기름때까지 올라오는 바람에 커튼은 누렇게 변색되었다. 더구나 후드의 환기구가 3층 높이까지 올라와 있어 유독 3층에 사는 나는 더 많은 피해를 입었다.

　이렇게 서로의 이해관계가 첨예하게 부딪칠 때 필요한 것이 바로 '소통'이다. 사회는 무서운 속도로 빠르게 발전하고 있다. 그 속도만큼이나 소송도 무수히 벌어지고 있다. 이 책은 사회에서 갈등이 생겼을 때 한 번쯤 상대방의 관점에서 생각해 보도록 하는 그림책이 아닐까 싶다.

5. 생각의 비밀 정원

생각을 모으는 사람
글: 모니카 페트, 그림: 안토니 보라틴스키, 옮김: 김경연, 출판사: 풀빛, 2002
하나밖에 없는 낡은 외투를 입은 부루퉁퉁 아저씨가 하는 일은 생각을 모으는 것. 예쁜 생각, 미운 생각, 즐거운 생각, 슬픈 생각, 슬기로운 생각, 어리석은 생

> 각, 시끄러운 생각, 조용한 생각, 긴 생각, 짧은 생각 등등. 아저씨에게는 모든 생각이 다 중요하다. 아저씨는 이 모든 생각들을 모아서 예쁜 비밀 정원을 만든다.

오늘도 새벽 4시 20분에 핸드폰 알람이 울린다. 이불 속에서 뭉기적대다가 간신히 일어난다. 438의 121일차 '에세이 쓰기' 시간을 선포하고 하루를 시작한다. 큐티 quiet time를 하고, 10분 동안 낭독을 한다.

생각을 모으는 시간, 조용히 나만의 시간을 누린다. 졸기도 하고, 때로는 엉뚱한 곳에 마음을 뺏겨 시간을 흘려보내기도 한다. 이 시간이 있기에 나는 에세이 쓰기에 도전할 수 있었다. 마음을 모아 함께 하는 이 시간, 모든 것이 정지되는 이 시간, 새벽 4시 38분. '생각을 모으는 사람' 부루뚱퉁 아저씨를 만난다.

아저씨 모습이 내 모습과 비슷하다, 길을 걸을 때도 내 머릿속은 늘 생각으로 가득하다. 그래서일까? 한동안 부루퉁 아저씨와 함께 거니는 것 같았다. 흰머리 수북한 할머니가 되어도 생각 모으기를 멈추지 않고 싶다.

우리가 이룬 지금의 위대한 문명은 생각의 산물이다. 생각이 없었다면 어떻게 이런 문명을 창조할 수 있었겠는가? 하지만 백인백색이라는 말처럼 사람들의 생각은 제각각이다. 이렇게 다양한 생각들을 조율하고, 조정하기 위해 만들어진 것이 바로 정치다.

하지만 정작 우리는 한국 정치를 보면서 한숨을 쏟거나 실망을 하곤 한다. 민주주의라는 말에 걸맞지 않게 자기와 다른 생각, 다른 말을 하면 외면하거나 고성을 지르는 것을 보면서 획일적인 생각들이 정치를 지배하는 것 같아 안타까움을 금할 길이 없다. 이 책에 등장하는 다음 구절을 정치인들이 보면 어떤 생각을 할지 궁금하다.

아저씨의 일은 생각을 모으는 거야.
'예쁜 생각, 미운 생각, 즐거운 생각, 슬픈 생각, 슬기로운 생각, 어리석은 생각, 시끄러운 생각, 조용한 생각, 긴 생각, 짧은 생각'
아저씨에겐 모든 생각이 다 중요하단다. 아저씨는 생각들의 소리를 들을 수가 있거든.
(중략)
생각마다 하는 짓이 다 달라서 미리 짐작할 수가 없어. 생각들 ㄱ(기역)선반에는 개성 있는 생각, 고운생각, 거친 생각, 고지식한 생각, 기쁜 생각 ㄴ(니은)선반에는 나쁜 생각, 너그러운 생각, 노여운 생각, 넓은 생각 ㄷ(디귿)선반에는 다부진 생각, 단순한 생각, 대견한 생각, 더러운 생각, 둔해진 생각
생각들을 정리하는 일은 아주 많은 조심성이 필요하단다.

모든 사람이 귀하고 소중한 존재인 것처럼, 그들이 가진 생각 또한 모두 귀하고 소중하다. 어쩌면 우리가 아는 민주주의도 이러한 믿음에 바탕을 두지 않았을까? 우리는 자기와 생각이 다르면 틀리다고 생각할 것이 아니라 다르다고 생각할 필요가 있다.
길을 걸을 때 길가에 핀 꽃을 보라. 어느 것 하나 같은 것이 있던

가. 제각기 색깔과 모양과 크기가 다르다. 이러한 다양성 때문에 각각의 꽃들이 소중하고, 그런 꽃들이 모여서 만든 길이 아름다운 것이다. 또한 이것이 바로 인간이 살아오기 전부터 자연이, 생물이 환경에 적응해가면서 만든 스스로의 생존 방식이다.

이 책에는 수많은 생각이 거명된다. 이름만 제각각인 것이 아니라, 심지어는 부정적인 생각들도 등장한다. 하지만 그것을 외면하지 않고 조심스레 하나의 바밀정원으로 가꾸는 부르뚱퉁 아저씨. 그의 현명함이야말로 우리가 살아가는 데 필요한 지혜는 아닐까?

6. 오직 단 하나의 꽃

> **행복한 청소부**
> 글: 모니카 페트, 그림: 안토니 보라틴스키, 옮김: 김경연, 출판사: 풀빛, 2000
> 이 책은 독일에서 거리표지판을 닦는 청소부 아저씨에 대한 이야기다. 청소부 아저씨는 매일매일 파란색 작업복과 파란색 고무장화에 파란색 자전거를 타고 다니며 유명한 거리의 도로표지판 닦는 일을 한다. 자신의 일을 사랑하고, 자신의 일에 자부심을 느끼며 사는 아저씨를 통해 자신을 삶을 돌아볼 수 있다.

이 책은 동그란 얼굴에 동그란 코, 동그란 눈을 한 귀여운 표정의 청소부 아저씨가 주인공이다. 도로표지판을 닦으면서 웃고 있는 아저씨의 표정이 편안해 보이는 아름다운 동화책이다.

우리는 흔히 학교 공부만을 배움이라고 착각한다. 그 때문일까? 학교를 졸업하고 나면 배우는 것을 포기하는 사람들이 많다. 나 또한 이 책의 청소부 아저씨처럼 평생 하고 있는 것이 있다. 바로 독서 모임이다.

2003년 어느 봄날, 천호동교회에서 '한국기독청소년교육원' 조만제 원장님의 '엄마 책상 갖기 운동'이라는 부모교육을 받았다. 《책 읽는 젊은이에게는 미래가 있다》의 저자인 원장님의 책을 제주도 신혼여행 중에 구입했었다. 그때는 도서관에서 데이트를 즐길 정도로 남편은 책을 좋아하는 매력적인 남자였다.

이런 인연으로 부모교육을 받게 되었고, 교회 강단에서 소감문을 발표하는 영광도 누렸다. 막내둥이를 책상에 앉혀 놓고 첫 번째 독서 모임을 시작한 후, 23년 동안 꾸준히 하고 있다. 지금은 김우창 교수님의 인문학 전집 20권을 읽고 있다. 아이들과 함께 독서캠프, 어린이 독서 모임, 부모님 독서 모임 등에 참여하면서 많은 영적, 지식적 성장도 이루어 냈다. 그중에서 무엇보다 기억 남는 것은 아버지 독서 모임이다. 이를 통해 나와 다른 성인 남자, 아버지들의 삶과 애환을 듣게 되었다.

어린 왕자가 여우에게 한 "네가 오후 4시에 온다면 나는 3시부터 행복해지기 시작할 거야"라는 말처럼, 나도 독서 모임을 기다리고, 준비하고, 발제하는 시간이 너무도 행복했다. 그 모임을 통해 러시아 문학을 접하면서 도스토프예프스키와 톨스토이의 삶을 들여다보고, 러시아의 넓은 대륙을 상상하는 기쁨도 누렸다. 특히 톨스토이의 《사람은 무엇으로 사는가?》는 '나는 어떻게 살아갈 것인가?'라는 물음에 대한 지침을 제공해 주었다.

  어느 해 독서캠프 마지막 날, '사랑해요'라고 쓴 한 학생의 손편지를 받았다. 치악산 계곡을 넘어갈 때 많이 힘들어 하던 그의 손을 잡고 산길을 걸으면서 정말 많은 이야기를 나눴다. 그때 기억이 좋았던 걸까? 이 친구의 네 마디 글이 나를 교육의 길로 가게 했는지도 모르겠다.

  진정한 배움이란 즐기는 것임을, 그것이 행복임을 청소부 아저씨는 말해주었다. 나 또한 그 길을 걷고 있다.

7. 나비처럼 나빌레라

> **바다로 간 화가**
> 글: 모니카 페트, 그림: 안토니 보라틴스키, 옮김: 김경연, 출판사: 풀빛, 2000
> 행복할 수 없는 현실과 그를 넘어선 영원에로의 도달을 꿈꾸게 하는 그림책. 그러나 이런 모든 생각을 접어두고, 책 안에 담긴 '아름다움'만으로도 행복해지는 책. 주인공은 큰 도시에 사는 화가 아저씨. 그는 '끝없이 넓고 말로 다할 수 없이 아름답다'는 바다에 관한 이야기를 듣고 가고 싶다는 꿈을 꾼다. 그 꿈을 위해 감자와 빵만 먹고, 머리도 직접 자르고, 버스나 전차도 절대 타지 않는 화가 아저씨. 그런 노력으로 그는 자신의 꿈을 이룬다.

어느 날 '이렇게 살다가 죽으면 나는 어떻게 되는 거지?', '나는 무엇을 위해 살았지?'라는 물음이 밀려왔다. 그동안 나라는 존재는 잊은 채 엄마, 아내의 자리를 지키기 위해 무던히도 살아왔다는 생각이 들었다. 아들 셋과 가정을 평화롭게 하는 것만이 나의 전부였다는 후회가 고개를 빼곡이 들었다. 그러자 나를 오롯이 세우고 싶어졌다. 내 안에서 행복하게 살고 싶다는 꿈이 일었다. 그래서 꾸준히 참여했던 것이 '독서 모임'이다.

50세면 '지천명', 하늘의 이치를 깨닫는 나이라 했다. 그동안 쌓아온 지식의 보따리를 풀어놓고, 지식의 놀이터에서 놀고 싶다는 생각이 들었다. '어떤 교육을 누구에게 할 것인가?'라는 고민 끝에 시니어 교육으로 방향을 정했다. 2025년이면 우리나라도 초고령화 사회로 진입한다. 거기에 맞는 콘텐츠를 개발해 노인들에게 삶의 의미와 가치를 일깨우는 교육을 하고 싶었다. 그래서 아들들의 유학 자금으로 들고 있던 보험 적금 계좌를 해약하기로 했다.

"아들, 엄마가 하고 싶은 일이 있는데. 너를 위한 적금을 든 게 있어. 너는 간호사가 될 테니 나를 위해 써도 될까?"

"알았어요. 응원할게요."

나는 바로 계좌를 해약하고, 초기 자본을 마련했다. 다음과 같이 바다로 여행을 준비한 이 책의 화가 아저씨처럼.

화가 아저씨는 돈을 모으기 시작했어. 감자와 빵만 먹었고 물만 마셨지. 머리도 직접 깎았고, 수염도 스스로 다듬었어. 버스나 전차조

차 절대 타지 않았지. 자전거도 팔고 어머니로부터 물려받은 찻잔 세트도 팔았어. 옷장, 소파, 수제 장식장과 손목시계까지 팔았어. 화가 아저씨는 차표를 샀어. 세상에 자신의 꿈과 만나는 행운을 가진 사람은 많지 않아. 화가 아저씨도 그것을 알고 있었다.

나는 평생교육원을 차리고 다양한 프로그램을 준비했다. 주된 사업은 실버 인지학습 프로그램 강사과정이었다. 그러나 코로나19를 피해갈 수는 없었다. 3년이란 기간 동안. 사회 변화를 전혀 예측할 수 없어서 생각을 전환해야만 했다. 여러 가지 아이템을 마련하며 다소 난관이 있었지만, 나를 제일 힘들게 한 것은 인간관계에서 오는 상실감이었다. 친구의 배신으로 사업이 흔들린 적도 있다. 그 사업을 포기하는 것은 어려웠지만, 그것 또한 하나의 과정으로 받아들였다. 또 남편의 반대도 나에게는 극복해야 할 관문이었다.

이처럼 꿈을 이룬다는 것은 그리 녹록한 여정이 아니다. 그러나 꿈이 있기에, 어떠한 바람에도 흔들림 없이 그 길을 갈 수 있는 것이다. 그럼에도 불구하고.

네 번째 이야기

그림책이 말하고
마음이 쓰다

오숙자

유아교육과 심리학을 전공했다. 대학에서 다년간 학생들을 가르쳤고, 10여 권의 유아교육학 관련 교재를 집필했다. 아동발달심리와 다중지능, 몬테소리 교육 분야를 연구하여 관련 학술 연구 논문 20여 편이 등재되어 있다. 최근에 심리학적 배경을 담은 그림책 테라피에 심취해 마음 위로에 대한 그림 그리기와 글쓰기를 시작했다. 여느 60대처럼 매일매일 새로운 꿈을 꾸며 미래 세대를 위해 남기고 싶은 것에 대해 고민하고 있다. 현재 유치원과 심리발달연구소를 운영하며 영유아, 아동, 교사, 부모들을 만나고 있다.

엄마 마중

어른들 안에는 아이가 산대

엄마 내가 자전거를 탔어요

바람 부는 날

오늘의 기분은 먹구름

알바트로스의 꿈

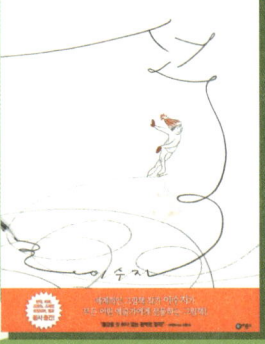
선

1. 기다린다는 것은 믿음입니다

> 엄마 마중
>
> 글: 이태준, 그림: 김동성, 옮김: 김경연, 출판사: 보림, 2013
>
> 감물빛 은은한 1930년대 시절을 담은 그림책. 월북 작가 이태준의 단편 동화에 그림 작가 김동성의 그림이 만나 여백이 가득한 그림책이 되었다. 하루 끼니를 위해 어디론가 일거리를 찾아 나선 것이 분명한 엄마, 하루 종일 전차 거리를 서성이며 엄마를 기다리는 아이의 하루를 통해 그 시절의 정취를 엿볼 수 있다.

누구나 엄마를 기다려 본 기억이 있을 것이다. 유년기에 나도 그랬다. 5일장이 서는 날이면 엄마는 무거운 옷 보따리를 머리에 이고 장에 나가셨다. 나는 그런 엄마를 기다리다가 결국 버스 정류장까지 달려가곤 했다. 빨리 오겠다고 다짐했던 엄마가 왜 그리도 안 오는지 목이 빠질 지경이었다. 정류장에 도착하면 나는 버스가 도착할 때마다 목을 길게 빼고 차창을 살펴 엄마는 찾았다. 하지만 엄마는 이번 버스, 다음 버스, 그다음 버스에도 보이지 않았다.

그렇게 배고픔도 잊고 기다리다 보면 날은 뉘엿뉘엿 어두워져 갔다. 어느 순간, 버스에서 내리는 엄마를 보면 나는 토끼처럼 깡충 깡충 뛰어가 엄마 주변을 빙빙 돌았다.

"추운데 왜 나왔어? 배고프지? 어여 가자, 내 새끼."

내 손을 잡고 걸음을 재촉하던 엄마. 하지만 엄마의 마음과는 다르게 머리에 인 보따리 때문에 걸음은 천근만근 무겁기만 했다. 엄마는 한 손은 머리에 인 보따리를 부여잡고, 한 손은 내 손을 잡은 채 집으로 걸어가셨다. 그때 나는 이미 엄마의 마음을 알고 있었다. 집에 있지 왜 나왔냐고 하셨지만, 얼굴 가득한 미소가 엄마의 마음을 나타내고 있었다. 마중 나온 나와 걷는 것이 귀갓길의 기쁨이었음을.

결혼하고 나이를 먹은 나에게도 이제는 든든한 아들딸이 있다. 한 번은 주말 저녁, 모처럼 가족이 모여 식사를 할 때였다. 때마침 TV에서 '동행'이라는 프로그램이 방영되고 있었다. 한 아이가 집을 나가버린 엄마를 기다리며 날마다 밥을 한 공기씩 담아 찬장에 넣어두는 장면이 나왔다. 아이는 엄마가 돌아올 거라는 희망을 놓지 않고 있었다. 순간, 우리는 괜시리 미안함에 누구랄 것도 없이 서로를 바라보다가 소리 없이 식사를 이어갔다.

"나도 저런 적이 있어요."

딸이 말했다.

"뭐? 언제?"

내가 깜짝 놀라 되물었다.

"내가 초등학교 때, 엄마가 공부한다고 대학교에 다닐 때요. 또 유치원에서 행사가 있는 날이면 새벽까지 일하는 엄마를 기다리다가 잠들었던 때. 엄마를 기다렸던 날이 셀 수없이 많았지, 뭐."

　대부분의 가정이 맞벌이를 하는 요즘, 아이들은 유치원에서 엄마, 아빠를 기다린다. 벨소리가 날 때마다 목을 길게 빼고 눈을 동그랗게 뜬 채 유치원 현관문을 바라본다. 기다리던 부모님이 오면 좋아서 어쩔 줄을 모른다. 그렇게 서로 반기는 모습을 볼 때마다 나는 생각한다. 이것이 바로 '현대판 엄마 마중이다!'라고. 나로부터 시작해 딸로, 유치원 아이들로 이어지고 있는 '엄마 마중'. 이 기다림은 아직도 현재진행형이다.

　이 그림책의 마지막 페이지에는 저 멀리 엄마와 아이가 손을 잡고 걸어가는 모습이 펼쳐진다. '아! 드디어 엄마를 만났구나' 하는 안도의 한숨과 함께 엄마를 기다리던 나의 모습이 투영되어 있다. 그리고 지금 내 안의 '엄마 마중'은 그리움이 대신하고 있다.

2. 보이는 마음, 보이지 않는 마음

어른들 안에는 아이가 산대
글: 헨리 블랙쇼, 그림: 헨리 블랙쇼, 옮김: 서남희, 출판사: 길벗스쿨, 2020
어서 자라서 멋진 어른이 되고 싶은 아이들에게는 가이드북, 천진난만했던 어린 시절이 그리운 어른들에게는 위로가 되어주는 책. 아이처럼 살고 싶은 어른과 멋진 어른이 되고 싶은 아이가 서로 공감하는 책. 어른들이 마음속 깊이 숨기고 있는 솔직한 감정을 내면의 아이를 통해 유쾌하게 그려낸 그림책.

유치원 등원 시간이면 아이들은 엄마의 손을 놓으며 빨리 오겠다는 약속을 받고 싶어 한다. 그러면 엄마는 새끼손가락을 단단히 걸어주고 돌아선다. 그때마다 늘 신기하다고 생각하는 건 부모와 아이가 많이 닮았다는 것. 손가락을 걸 때는 손가락이 닮았고, 돌아서며 서로 손을 흔들 때도 눈빛, 눈웃음, 뒷모습, 걷는 걸음걸이, 몸짓, 말투, 음성이 닮았다. 마스크를 쓰고 있지만, 영락없이 빼닮았다.

요즘은 매체가 다양해져서 배움의 기회도 넓어졌다. 특히 예전에 비해 사람 심리에 대한 이해가 월등해졌다. 그렇다 보니 어린 시절 경험이 평생 갈 뿐만 아니라 결정적 시기라는 것을 그 누구도 부인하지 않는다. 또한 누구나 자기 안에 내면의 아이가 하나 더 있다는 사실도 인정한다.

그런데 어느 날 나는 갑자기 궁금해졌다. '유치원 아이들이 부모의 내면 아이를 어떻게 이해하고 있을까?', '부모의 내면 아이와 언제 만나봤을까?' 하는 생각이 들었다. 문득 부모의 내면 아이에 대해 이야기를 해줘야겠다는 생각이 들어서 이 그림책을 찾아 들고 방과 후 교실로 들어갔다.

아이들은 그림책 이야기를 듣는 내내 눈빛이 반짝였다. 가끔 고개를 갸우뚱거리기도 했지만 금방 끄덕였다. 그래서 생각 나누기를 해보자고 제안했다. 손을 번쩍 드는 아이가 많았다. 의외였다.

"음, 우리 엄마는요. 내가 말을 안 들으면 화내요. 막 스트레스를 받아요. 그러면 그때 엄마 안에 있는 아이가 탁 튀어나와서 엄마가 나한테 화를 내요. 그리고요, 내가 엄마 말을 잘 들을 때는 엄마 안에 있는 아이가 기분이 무척 좋아져요."

그러자 그 말이 끝나기가 무섭게 또 다른 아이가 손을 높이 들더니 말을 이어갔다.

"엄마 말을 잘 들으면 '아이구, 잘했어. 엄마가 맛있는 거 많이 해줄게' 그래요. 그거는요. 엄마 안에 있는 내면 아이가 엄마를 도와주고 있어서 엄마가 화를 안 내고 말하게 되는 거예요."

그때 다른 아이가 대뜸 거들었다.

"그니까요. 그니까, 엄마랑 아빠랑 음, 음, 어른들 안에 있는 아이는 우리랑 똑같은 거죠? 그쵸? 맞죠?"

그 뒤를 이어 또 다른 아이가 손을 번쩍 들어 말했다.

"그러면 어른이 화를 낼 때는 우리가 어른이 되는 거고, 어른은 아이가 되는 거였네? 히히히."

이렇게 아이들은 어른들의 내면 아이를 이해하고 있었다. 게다가 특별히 가르치지 않았는데도 정말 절묘하게 자기들만의 언어로 설명을 하고 있었다. 아이들은 내용이 주는 메시지를 부모와 나의 입장으로 바꿔 이해하고 있었다. 그림과 글 내용에 감정만 담아 표현했을 뿐인데도 아이들은 정말 잘 이해하고 있었다.

이제 어른들에게 묻고 싶다. "이 아이들의 생각에 할 말이 있는가?"라고.

3. 미해결 과제와 마주할 용기

> 엄마, 내가 자전거를 탔어요
> 글: 이노우에 미유키, 그림: 카리노 후키코, 옮김: 이정선, 출판사: 베틀북, 2002
> 삶과 사람이 아름다운 이야기. 시각장애아 미유키의 자전 동화. 앞을 못 보는 아홉 살 아이 미유키. 바람을 따라 미유키의 꿈을 구르며 달린 자전거. 그의 이야기가 동화가 되어 우리들의 삶을 넉넉히 채워준다. 장애인도 비장애인도 삶이라는 큰 틀에서 바라보면 저마다 소중하고 아름다운 존재다. 이렇게 각기 다양한 개인차가 존재하고, 그것을 수용하고 존중하는 마음이 있기 때문에 세상은 아름다운 게 아닐까.

5월 5일 어린이날 선물로 아버지가 자전거를 사오셨다. 언니가 탈 수 있는 크기의 자전거였다. 그 당시 언니는 5학년, 나는 2학년. 크기로 보면 당연히 언니의 자전거였다. 괜히 언니에게 질투가 나 큰 소리로 울며 난리를 피웠다. 아버지는 그런 나를 달래며 "언니처럼 5학년이 되면 저 자전거는 네 자전거가 될 거야"라고 하셨다.

그러던 어느 날, 나는 혼자서 자전거를 타보고 싶어졌다. 언니가 학교에서 돌아오려면 한참을 기다려야 할 것 같았다. 나는 자전거를 끌고 밖으로 나갔다. 무거웠다. 자전거가 생각처럼 굴러가지 않고 자꾸 쓰러지려 했다. "어" 하는 순간, 자전거가 훌렁 넘어져 마당에 누워 버렸다. 나는 당황해 후다닥 옆집으로 달려갔다.

"대식아, 나 좀 도와주라. 자전거가 넘어졌어."

대식이는 자전거 페달 가운데에 다리를 넣고 손잡이를 잡더니 일으키기 위해 안간힘을 썼다. 낑낑대며 일으켜보려 했으나 대식이도 실패였다. 나는 애가 탔지만 내 마음도 모르는지 자전거는 일어날 기미가 없었다.

　그때 마침 6학년인 대식이 형이 학교에서 돌아왔다. 우리는 구조대를 만난 것처럼 기뻐하며 자전거를 일으켜 세워달라고 부탁했다. 대식이 형은 자전거를 단숨에 일으켜 세웠다. 덤으로 우리를 학교 운동장으로 데리고 가 자전거를 실컷 태워 주었다.

"오빠, 나 자전거 타는 거 가르쳐 줘."

"그래, 가르쳐 줄게. 이렇게 해봐."

　아뿔싸! 그 순간 아찔한 일이 일어났다. 아직 다리가 짧아 페달에 발이 닿지 않는다는 사실을 몰랐던 것이다. 뒤에서 자전거를 붙잡고 따라오던 대식이 형은 이미 가속이 붙어버린 자전거를 따라오지 못하고 그만 손을 놓고 말았다.

"으으아아아아, 엄마야."

　결국 쓰러진 나는 무릎이 찢어지고 말았다. 운동장에 내 울음소리가 메아리쳤다. 그로 인해 내 오른쪽 무릎에는 큰 흉터가 남았다. 그리고 자전거에 대한 두려움을 극복하지 못한 채 55년이 흘렀다.

　그 후 저만치에서 자전거가 달려오면 걸음을 멈추고 비켜서서 지나가길 기다렸다 간다. 극복하지 못한 무서움과 두려움은 여전히 마음속에서 사라지지 않은 채 나와 아주 긴 세월을 함께 하고 있다. 이 그림책은 삶의 결에 호흡을 맞추면 보이지 않아도 볼 수 있다는 강한 의지를 느끼게 해주었다. 또한 나에게는 미해결 과제와 마주할 용기를 주었다. 최근 나의 동영상 검색어 1순위는 '절대 넘어지지 않는 법'이다. 자전거를 안전하게 잘 타기 위해 동영상을 보며 열심히 연습하고 있다. 아! 바람을 가르며 강변로를 달리고 있는 내 모습이 보인다.

4. 바람에는 두 얼굴이 있다

바람 부는 날
글: 정순희, 그림: 정순희, 출판사: 비룡소, 1995
《바람 부는 날》은 황금도깨비상을 수상한 국내 작품이다. 바람 부는 날의 단상을 어린아이의 새롭고, 사실적인 시각으로 담아냈다. 삽화는 투명한 듯 정감 어린 수채화풍의 그림이고, 주인공인 소녀의 얼굴은 너무나 익숙하고 다정한 모습이다. 젖은 연을 들고 찡그린 얼굴 표정이 상당히 섬세하게 표현되어 있다. 바람을 따라가듯 속도감 있게 읽을 수 있다.

초등학교 1학년, 긴 장맛비가 내리는 7월 초순 어느 무더운 여름날이었다. 그날은 태풍주의보가 내리고 바람도 심하게 불었다. 교실 유리창 밖에 서 있던 플라타너스가 휘청거리다 가지가 찢겨 쓰러졌다. 학교에서는 우리들을 서둘러 하교시켰다.

거센 바람이 너무나도 무서웠다. 우리는 파란 비닐우산을 쓰고 서로 바싹 붙어 걸었다. 세찬 바람으로 우산은 속절없이 뒤집혀 펄럭거렸다. 뒤집힌 비닐우산은 이미 우산이 아니었다. 순간 달려드는 비바람에 내 몸이 공중으로 '붕' 하고 떠올랐다. 뒤집힌 채 펄럭이던 우산이 낙하산처럼 바람받이가 되었던 것이다. 그 와중에도 나는 우산대를 꼭 잡고 매달렸다. 그 때문에 나는 공중으로 몇 번 더 '붕' 하고 떠올랐다가 바닥에 나동그라지고 말았다.

그날 이후 친구들은 나에게 '도로시'라는 별명을 붙여 주었다. 파란 비닐우산을 들고 비바람에 하늘로 날아올랐다고 해서 붙여진 별명이었다. 나는 그 별명이 싫지 않았다. 그 이후에도 친구들은 한동안 "어떻게 날아갔어?", "어디까지 날아갔어?", "그때 기분은 어땠어?"라며 나에게 질문을 쏟아냈다.

정말이지 그건 바람과 파란 비닐우산이 만들어 낸 짧은 동화였다. 그 순간은 무섭고 아팠지만 어린 나에게는 두고두고 추억이 되었다. 그날 이후 나는 비바람이 부는 날을 무척 좋아하게 되었다.

이 책 《바람 부는 날》의 마지막 장면에서도 반전이 일어난다. 엄마와 함께 만든 연은 바람에 날아가며 손에 잡힐 듯, 잡힐 듯 잡히지 않는다. 아이는 자꾸 날아가는 연을 쫓아가며 멈추는 곳마다 여러 가지 상황과 마주하게 된다. 연이 잡힐 것 같으면서도 잡히지 않아 아이가 울먹이고 서 있는 모습은 안타까운 마음을 그대로 표현하고 있다.

아이는 엄마와 함께 연을 들고 놀이터에 나올 때만 해도 너무나 행복했다. 그러나 갑자기 바람이 불기 시작하면서 연 따라잡기가 시작된다. 아이는 붙잡으려던 연이 저만치 담장 쪽으로, 높다란 나뭇가지 위로, 마지막으로는 물웅덩이에 빠져버리자 총체적으로 난감한 상황과 맞닥뜨린다.

그러나 물에 젖어 축 늘어진 연을 들고 더 이상 어쩔 수 없다고 포기할 것 같은 순간, 아이는 우리에게 최고의 감동을 선사한다. 아이는 빨래줄에 연을 널며 바람이 말려줄 거라는 믿음을 보여준다. 기막힌 반전이 아닐 수 없다. 그 순간 기쁨과 위로, 치유를 받아 회복이 일어난다. 나는 이 장면에서 그림책을 꼭 끌어 안았다. 그리고 한동안 그렇게 가만히 있었다.

지금 바람이 부는가? 오늘도 바람이 부는가? 그렇다면 이렇게 위로하자.

'그럼에도 불구하고 괜찮아. 괜찮아질거야.'

5. 기분과 태도를 분리하라

오늘의 기분은 먹구름

글: 토 프리먼, 그림: 토 프리먼, 옮긴이: 최용은, 출판사: 키즈엠, 2014

《오늘의 기분은 먹구름》은 기분이 나쁜 올리브와 올리브로 인해 기분이 나빠지는 친구들의 모습을 그린 그림책이다. 올리브는 자신의 기분이 나쁘다고 친구들에게도 툴툴거린다. 아이들은 올리브의 행동을 보며 자신의 경우 어떻게 행동하는지 생각하게 되고, 더불어 다른 사람을 배려하는 마음을 배운다.

나는 유치원에서 유아들의 행동 특성을 자주 살핀다. 유치원에서 유아들 간에 갈등 상황이 자주 발생하기 때문이다. 유아기 아이들은 자기중심성이 강해 자기 통제에 한계가 있다. 상대의 입장이나 상황에 대해 고려할 수 없기에 함께 놀다가도 자기중심적인 행동을 하게 마련이다.

"나는 안 그랬는데요. 저 친구가 나한테 먼저 그렇게 했어요."

무슨 일인지 알 수 없지만 갈등이 생겨 개입하면, 아이들은 늘 상대에게 문제의 원인과 책임을 돌린다. 유아기의 발달 특성이라고 이해하고 중재해보지만, 때로는 어려운 부분도 있다. 발달 특성으로만 이해하고 마무리하기에는 아주 미묘한 내면의 부정적 사고가 있음을 느낄 수 있다. 이는 유아들이 '사회적 자기' 목록이 확대되는 것과 더불어 또래와의 관계에서 자신에게 요구하고 기대하는 것이 서로 다르다는 것을 아직 잘 모르기 때문이다.

대개 이기적인 사람은 자기보다 상대가 잘못했다고 생각하거나 표현하는 경우가 많다. 그들은 서로 함께 하면서도 자기가 돋보이고 싶어 하고, 주변 사람들의 의견에는 관심이 없다. 즉, 독단적으로 행동하기를 좋아한다. 그런 사람은 일을 그르치게 만들어 전체에 피해를 주기 쉽다.

가끔 서점에 가거나 인터넷에서 베스트셀러를 검색해 책을 주문한다. 베스트셀러 순위를 보면 항상 인간관계에 대해 기술한 책이 들어 있다. 성공의 기본은 인간관계에 있다는 것이 중심 내용이다. 즉, 이겨도 오만하지 않고, 질 때도 원망하지 않는 사람이 인간관계도 우수하다는 것이다. 옳은 말이다. 동시대를 살아가는 우리가 서로를 응원해주고 도와주고 높이 평가해 주면 좋지 않을까 싶다.

이 그림책에서 작가는 기분 나쁜 사람으로 인해, 주위의 다른 사람들마저 기분이 나빠져서는 안 된다고 말하고 있다. 자기의 기분이 나쁘다고 해서 다른 사람들까지 기분이 나빠져야 한다고 믿는 주인공의 잘못된 신념을 꼬집고 있다.

일반적으로 우리 뇌는 부정적인 생각에 더 주의를 기울인다. 생존을 위해 의심과 부정적인 생각을 하도록 프로그램이 되어 있기 때문이리라. 하지만 계속 기분에 따라 상황을 해석하다 보면 나중에는 그 상황 자체를 부정적으로 받아들이게 된다. 그러면 뇌가 부정적으로 인식되는 상황은 점점 많아질 테고, 당연히 삶이 즐거울 수 없게 된다. 따라서 기분이 태도가 되지 않도록 해야 한다.

옛말에 '역지사지易地思之'라고 했다. '다른 사람의 처지에서 생각하라'는 이 뜻을 마음에 두고, 배려하는 마음으로 살면 좋겠다. 기분이 태도가 되지 않는다는 말은 기분이 좋을 때나 안 좋을 때나 태도가 같다는 뜻이다. 지금까지의 행동 기준은 기분이었지만, 다른 기준을 세워볼 수도 있다. 모두가 평화로운 마음이 될 수 있도록 기분과 태도를 분리하여 평안한 일상을 살기 바란다.

6. 꿈을 품은 날개

> 꿈을 품은 날개
> 글: 신유미, 그림: 신유미, 출판사: 달그림, 2021
>
> '꿈'에 관한 그림책. 날개가 너무 커서 한 번도 날아 보지 못한 새가 있다. 주인공은 실제로 남반구의 바다와 북태평양에 살고 있는 '알바트로스'라는 새다. '바보새'로도 불리는 이 새는 날개가 너무 크고 무거워서 날지 못하지만, 언젠가 날 수 있다는 꿈을 꾼다. 꿈과 현실 사이에서 좌절하면서도 매번 용기를 내는 알바트로스의 모습이 꿈을 향해 성실한 시간을 보내고 있는 우리의 삶과 닮아 있다.

나는 언제나 하루를 유치원에서 시작한다. 어느 날 울리는 스마트폰 벨소리에 습관적으로 '솔' 톤으로 반갑게 인사를 했다.

"안녕하십니까? 원장입니다."

"아, 원장님. 저 경원이예요. 박경원이요. 생각나세요?"

25년 전, 우연히 만나 약 1년 동안 함께 살았던 일곱 살짜리 어린 소년이 건장한 장년이 되어 전화를 한 것이다.

"그래, 경원이구나. 잘 지냈니? 반갑다, 반가워."

"예, 원장님. 목소리가 그대로시네요. 원장님 찾으려고 마음먹으니 이렇게 쉬운데, 너무 오랜 시간이 걸렸네요. 정말 죄송해요."

"그래, 보고 싶었고 정말 궁금했다. 이제는 어엿한 어른이겠네. 어디 사니? 결혼은 했어?"

반가운 나머지 나는 계속해서 묻기만 했다.

"아니요, 아직 결혼은 안 했어요. 원장님이 소개해 주는 사람과 결혼하려고 아직 안 했습니다. 하하하."

그 짧은 시간에 농을 하는 여유를 부리며 경원이가 웃었다.

"저 지금 중국에서 전화하는 거예요. 원장님 찾으려고 광주시 교육청에 연락해서 알아냈어요. 어렵지 않던데요. 저는 북경대학을 졸업하고, 대기업에서 일해요. 한국에 돌아가면 꼭 찾아뵙겠습니다. 원장님 보고 싶어요."

나는 순간 눈물이 왈칵 났다. 통화 내용처럼 경원이는 중국 북경대학을 졸업했다. 가난을 대물림하고 싶지 않아 경영학을 전공했다고 한다. 돈을 체험할 수 있는 곳이 시장이라고 생각되어 북경 재래시장에서 시간제로도 일했다고 한다. 아울러 중국 상인들의 장사 수완과 상도도 배우고 익혔다고 한다. 현재 경원이는 목표를 세워 꿈을 향해 성실히 나아가고 있다. 세계적인 대기업에서 근무 중이며, 열심히 성장하여 최고의 사업가가 되고 싶다고 한다.

그 후 경원이가 어머니와 함께 유치원을 방문한 적이 있었다. 경원이는 북경대학 경영학과 최종 논술시험에 합격한 비결이 나와 함께 지냈던 1년 동안에 있었다고 털어놓았다. 25년 전, 우리 가족과 지내면서 심심하면 유치원에 있던 책을 모조리 읽었단다. 동화책은 물론, 당시에 초등학생 형, 중학생 누나였던 내 딸과 아들의 책들도 무조건 다 읽었단다. 책을 읽으면 엄마 생각이 안 나니까 마구 읽었단다. 모두가 잠들어 있는 한밤중에 조용히 일어나 책을 읽었단다. 어린 시절의 독서력 때문에 어려운 형편에도 공부를 잘

할 수 있었단다. 그러면서 다음과 같이 말했다.

"저는 어린이집 책꽂이와 원장님의 거실 책장에서 최고의 선생님을 만났지요."

이 그림책을 읽으며 나는 경원이가 생각났다. 그 아이는 알바트로스와 닮았다. 많이 배고팠을 것이고, 많이 힘들었을 것이고, 많이 넘어졌을 것이고, 삶의 무게가 너무 버거웠을 것이다. 그러나 그 아이는 자신의 행로에 꿈과 희망을 가득 싣고 품었다.

이제 나는 기대한다. 경원이가 성장하여 또 다른 경원이를 만나 배운 대로 행할 것이라고.

7. 빙판에 새기는 인생

> **선**
>
> 글: 이수지, 그림: 이수지, 출판사: 비룡소, 2017
>
> 세계적으로 사랑받는 그림책 작가 이수지의 《선》은 글 없이 그림만으로 모든 이야기를 담아낸 그림책이다. 작가는 이야기의 배경인 빙판과 종이를 오가며 그림 그리기의 즐거움을 한껏 펼쳐냈다. 현실과 상상을 자유롭게 넘나드는 작가의 그림에 빠져들다 보면 한 장면에서도 수많은 이야기를 만들어 내게 된다.

이 책을 받아 들었을 때, 나는 한동안 눈을 뗄 수 없었다. 빙판 위에 새겨진 선만으로도 책 내용을 모두 느낄 수 있었기 때문이다.

사람은 누구나 자기만의 빙판 위를 내달리며 살아간다. 모두가 투명한 빙판 위를 자기 방식대로 수없이 미끄러졌다가 일어서며 오늘도 계속 얼음 타기를 한다.

나는 어떤 빙판 위를 달려왔을까? 돌아보니 힘겨운 일, 기쁜 일, 감사할 일이 참 많았다. 특히 늦깎이 대학생이 되어 유아교육을 시작했던 일은 가장 즐겁고, 의미 있는 시간이었다. 넘어진 김에 쉬어 간다고 했던가? 열심히 내달려 심리학 박사가 되었다. 아이들의 양육과 교육, 나의 일과 배움을 병행하며 삶은 본격적으로 탄력을 받기 시작했다. 대학 강의, 학문 연구, 유치원 운영 등 나는 그때 많이 바빴지만 참 행복했다.

그 시절의 빙판에는 크고, 굵고, 부드러운 곡선이 거침없이 선명하게 새겨져 있다. 나의 선과 가족의 선이 더해져 멋들어지고 행복한 선이었다. 경쾌하고 발랄하며 통통거리는 스케이팅의 씩씩한 음률은 매일매일 힘차게 앞으로 내달려 나아가고 있었다.

그러다 속력을 내서 하늘로 높이 날아오르고 싶어졌다. 무리한 회전으로 강한 원심력을 감당하지 못한 나는 단번에 바닥으로 '꽈당' 하고 나동그라지고 말았다. 욕심의 선, 교만의 선, 미움의 선, 잘못된 선, 창피한 선, 후회되는 선들로 뒤범벅이 되었다. 그것들도 빙판 위에 고스란히 새겨져 선명하게 새겨졌다. 그러나 어쩌겠는가? 지워버리고 싶은 그 선들도 나 자신의 모습인 걸.

이 그림책을 통해 빙판이 의미하는 내 삶의 행로를 반추해 볼 수 있었다. 특히 버려진 연필과 지우개, 구겨진 종잇조각을 보고 나서

불규칙해진 나의 호흡을 멈추고 조용히 눈을 감았다. 그리고는 주변의 소리에 귀를 기울였다. 숨 고르기를 하며 깊은 호흡을 했다. 고요함 속에서 잠시 나를 바라보았다.

한참 동안 그러고 나서 다시 안정감을 찾으면 행로를 이어가기 시작했다. 느슨해진 나의 스케이트 끈을 잡아당겨 다시 묶었다. 자세를 바로 잡았다. 알록달록한 옷을 입은 사람들이 나의 손을 붙잡고 일으켜 세워주었다. 그러고 나면 빙판은 다시 다양한 색깔로 물결치고, 새로운 생기로 빙판이 다시 빛나기 시작했다.

이제 나는 내 주변의 사람들이 모두 보인다. 모두가 손에 손을 잡고 원을 그리며 스케이팅을 하고 있다. 혼자서는 절대 만들어 낼 수 없는 환상적인 선을 연출하고 있다.

나는 비로소 알아차릴 수 있었다. 지금껏 나는 혼자만 돋보이는 스케이팅을 하고 싶어 했다는 것을. 나만 할 수 있다는 것에 대한 집착이 나를 힘들게 했다는 사실을. 모두가 함께 연출해 낸 스케이팅이 가장 멋지고 위대한 선을 그려낸다는 사실을 이 책을 통해 비로소 알게 되었다.

다섯 번째 이야기

뭇별로 뜬 추억,
선물이 되다

우순애

44년간 소년원 학생들을 돌보며 복음을 전해왔다. 힐링 공간 '그린마음'을 열어 심리 상담 및 독서 지도를 하고 있다. 향후에도 쉼이 필요한 사람, 마음이 아픈 이들과 함께 그림책과 시를 나누며 그들의 친구로 살아가길 희망한다. 1998년 '조선문학' 신인상을 수상, 시인으로 등단했다. 대표 시집 《고여 있는 시간을 흔들다》(2008년)를 비롯해 11권의 공저 시집이 있다. 2008년에 조선문인상을 수상하고, 소년원생 선도와 교육 봉사로 법무부장관 표창을 받았다.

만희네 집

동강의 아이들

생각을 모으는 사람

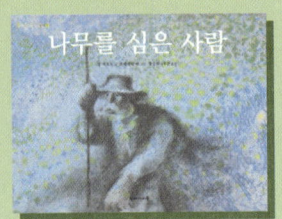
나무를 심은 사람

오래 슬퍼 하지마

점

인생을 다시 시작할 수 있다면

1. 쑥부쟁이로 피어 있을 아버지의 골목집

> 민희네 집
>
> 글: 권윤덕, 그림: 권윤덕, 출판사: 길벗어린이, 1995
>
> 연립주택에 살던 만희는 꽃과 나무가 많은 할머니네 양옥집으로 이사를 온다. 이 책은 만희의 일상을 따라 안방, 부엌, 광, 장독대, 옥상들의 모습과 식구들의 생활을 자세하게 소개하고 있다. 동양화풍의 그림이 정겹고 따뜻하다. 가족의 사랑을 곱씹어 볼 수 있는 책이다.

《만희네 집》표지를 보면서 한동안 눈을 뗄 수 없었다. 책 안에는 언제나 열려 있는 대문, 작은 강아지, 담장을 뒤덮은 나팔꽃, 화단 가득 피어 있는 꽃과 나무들로 가득했다. 현대화된 도시의 집에서는 흔히 볼 수 없는 정겨운 풍경이었다. 책장을 넘길 때마다 소소한 일상의 그림에서 따뜻함이 묻어났다.

나와 공통분모가 있어서 그랬던 것일까. 켜켜이 쟁여둔 세월 속에서 아버지의 집을 소환한 순간, 나는 타임머신을 타고 내 유년의 기억 속으로 날아갔다. 골목길에 있던 아버지의 큰집이 정지된 시간 속에서 점점 또렷해졌다. 우리 형제들은 그 집을 골목집이라 불렀다. 아버지의 집은 대문 안에 집이 세 채나 있던 꽤 큰 집이었다. 대부분의 동네 아낙들은 공동 우물에서 물을 길어 사용했는데, 아버지는 마당 한쪽에 우물을 팠다. 마당은 시멘트로 포장도 했다.

우물 옆 큰 나무 그늘, 이름을 알 수 없는 꽃들이 올망졸망 피어 있던 조그만 화단, 놀이터가 될 만큼 큰 마당이 다시 눈앞에 펼쳐졌다. 내가 어렸을 때는 장난감이나 놀이터가 없던 강팍한 시절이었다. 건축 일을 했던 아버지는 우리 형제들을 위해 여러 가지 놀이기구를 만들어 주셨다. 시소, 널뛰기, 목마, 그네 등. 또한 여름철이면 우물 옆에 큰 수조도 만들어 주셨다. 그 속에서 물놀이를 하며 더위를 식혔다. 만희네 집처럼 우리 집 대문은 항상 열려 있고, 놀이기구 덕분인지 마당은 늘 동네 아이들로 북적였다.

평소에 말이 없던 아버지는 친구들과 술 한 잔 하시면 우리 형제들에게 노래와 춤을 시키고는 박수도 치고, 상도 주셨다. 우리는 장기자랑을 하며 가족과 함께 많은 시간을 보냈다.

아버지는 51세 때 병으로 돌아가셨다. 그때 나는 중학교 3학년이었다. 그 후부터 아버지의 부재는 나에게 상처였고, 늘 그리움이었다.

    햇빛이 강아지처럼 뒹굴다 가곤 했다
    구름이 항아리 속을 기웃거리다 가곤 했다
    죽어서도 할머니를 사랑했던 할아버지
    지붕 위에 쑥부쟁이로 피어 피어

적막한 정오의 마당을 내려다보곤 했다.

이 시는 권대웅 시인의 '장독대가 있던 집'의 일부이다. 햇빛과 구름이 있는 집의 정경과 할머니를 못 잊어 죽어서도 쑥부쟁이가 되어 마당을 지키는 사랑을 그린 시다.

집은 인간에게 꼭 필요한 절대적 가치를 지닌다. 그만큼 집은 인간의 생애에 많은 영향을 미친다. 사회적으로 성장하는 곳이자, 정서적인 공간이기 때문이리라. 어린 날의 추억 중 유독 골목집이 소환된 것은 아버지의 사랑을 크게 느낀 곳이어서 그런 게 아닐까? 우리 아버지도 쑥부쟁이로 피어 골목집을 떠나지 못할 것 같은 안타까운 마음이 이 책을 읽는 내내 일렁였다.

2. 이제야 건네는 뒤늦은 인사

동강의 아이들

글: 김재홍, 그림: 김재홍, 출판사: 길벗어린이, 2000

동강의 아름다운 풍경과 장날 장터에 물건을 팔러 나간 엄마를 마중 나간 오누이의 이야기를 담고 있다. 동생을 보살피는 오빠 동이, 칭얼거리며 오빠를 의지하는 순이. 엄마를 애타게 기다리는 아이들. 해질녘 보따리를 머리에 이고 돌아오는 엄마, 기다림과 안타까움 속에서 가족애를 엿볼 수 있는 책이다.

노을이 주홍빛으로 물드는 강변에서 목이 빠지게 엄마를 기다리는 두 아이의 모습이 애처롭다. 산 그림자가 물결에 잠기어 가는 강가는 기다림으로 저물어 간다. 엄마는 애타는 시간을 업고 넘어질 듯 종종거리며 장터로 갔으리라. 누군가를 기다리는 것은 이토록 애절하다.

엄마가 전부였던 초등학교 시절, 동강처럼 아름다운 풍경은 아니었지만, 엄마가 내릴 정거장에서 하염없이 기다렸던 시간들. 그 당시 엄마는 김해에서 마산으로 때로는 충무통영로 장사를 하러 자주 나가셨다. 아버지 사업이 어려워지면서 생활을 꾸려나가야 했기에, 그때부터 엄마의 부재가 시작되었다. 항상 바쁘기만 했던 엄마. 나는 늘 엄마를 기다렸고, 내 곁엔 수시로 외로움이 서성거렸다.

엄마를 생각하면 떠오르는 이야기가 있다. 엄마는 나를 낳고 늑막염에 걸려 사경을 헤매셨다고 한다. 그래서 나는 엄마 젖을 더이상 먹을 수가 없었다고 한다. 그래서일까? 나는 아기 때부터 몸이 약해 자주 병치레를 했다고 한다. 홍역 합병증으로 폐렴에 걸려 죽다가 살아나 가족을 눈물바다로 만들기도 했단다.

그런데 한번은 갑자기 소아마비가 왔다고 한다. 엄마는 애간장을 태우며 이 병원 저 병원을 다니셨다고 한다. 민간요법을 비롯해 안 해본 것이 없던 엄마는 결국 나를 살려내셨다. 또한 두 다리가 건강해질 때까지 무던히도 애를 쓰셨다. 그때 나와 동갑이던 먼 친척 아이는 소아마비를 고치지 못해 한쪽 다리를 심하게 절게 되었다.

엄마가 집에 있는 날이면 우리 집은 동네 사람들로 늘 북적였다.

음식을 나눠 먹으며 이야기 잔치를 벌이면, 일인 다역을 하는 배우처럼 엄마가 말을 재밌게 하셨기 때문이다. 대담한 여장부 같았지만, 정이 많아 어려운 사람들을 잘 챙겨서 우리 집에는 항상 군식구가 한둘씩 함께 살았다.

엄마는 자녀의 학업을 매우 중요하게 여기셨다. 일제강점기에 외할아버지의 반대로 학교를 다니지 못한 것이 한이 되었던 것일까? 아무리 힘들어도 우리들을 학교에 꼭 보냈고, 자식들 공부시키지 못한다는 것은 절대 용납할 수 없는 일이었다. 그 시절엔 대부분의 가정이 가난해 학교에 가지 못하는 아이들이 많았다. 집안 사정을 안 내가 학업을 포기하려 했을 때, 엄마는 어떤 수단을 썼는지는 모르지만, 기어코 나를 중학교에 보내셨다. 서울로 이사해 고등학교에 다닐 때도 마찬가지였다. 집 판 돈을 사기꾼에게 속아 다 날려버렸을 때에도 우리를 학교에 보내는 것을 포기하지 않았다.

내가 16세 때 아버지가 돌아가셨다. 아버지가 유명을 달리하시고 난 뒤 오롯이 가족을 돌봐야 했던 엄마의 처지를 나는 헤아리지 못했다. 엄마의 수고가 당연한 줄 알았다.

엄마를 기다리던 그 어린아이는 어디론가 떠나 버리고, 사춘기에 접어든 나는 빈방에 엎드려 자주 울었다. 친구들과의 비교로 가슴에는 원망이 파고들었다. 가난이 속상했다. 철없던 딸이었다.

허허벌판 같은 세상. 엄마는 얼마나 무섭고 적막했을까? 그 외로움을 이제야 깨닫는 나의 아둔함이라니. 지금 내가 있는 것은 모두 엄마 덕분인데, 나는 얼마나 어리석은 사람이었던가.

오늘이 다시 오지 않듯, 인생도 흐르는 물과 같아서 되돌릴 수가 없다. 말하지 못해 후회되는 것들이 참 많다. 엄마가 소천하신지 몇십 년이 되었는데, 이제야 엄마에게 말한다. 석양이 물드는 강변에서 엄마와 반갑게 조우하던 동강의 아이들처럼, 인생이 저물녘에 인사를 건넨다.

"엄마, 많이 힘드셨지요? 사랑해요."

3. 시(詩), 내게로 온 생각꽃의 향기

> **생각을 모으는 사람**
> 글: 모니카 페트, 그림: 안토니 보라틴스키, 옮긴이: 김경연, 출판사: 풀빛, 2001
> 어떤 생각이라도 소중하게 여기는 아저씨는 다양한 생각들을 배낭에 담아 집으로 돌아와서 정리하고 정원에 심고 꽃으로 피어나게 한다. 꽃으로 피어난 생각들은 꿈을 꾸고 있는 사람들에게 새로운 생각들로 자라난다. 그는 생각을 모으는 사람이 없다면 생각들은 줄곧 되풀이되다가 언젠가 완전히 사라질지도 모른다고 말한다.

중학교 3학년 때 나는 핸드볼 선수였다. 운동밖에 모르던 나는 책과 담을 쌓고 지내던 말괄량이 소녀였다. 언젠가 시를 써보지 않겠냐는 친구의 말에 무심코 나간 백일장 대회에서 입상을 한 뒤, 내 손에는 공 대신 책을 드는 시간이 많아졌다. 문학이 나를 황홀하게 했던 것이다. 그러나 어렵고 힘든 상황에서 살다보니 문학에 대한 꿈은 저만치 밀어둘 수밖에 없었다.

　배낭과 휘파람은 없었지만, 이 책 주인공인 부르퉁 아저씨처럼 나도 생각을 모으던 때가 있었다. 꿈으로 남겨진 시의 알갱이를 낚기 위해 고여 있는 시간들을 흔들던 때가 있었다. 어디에 있든 항상 생각에게 말을 건네고, 내면의 소리를 듣고, 툭툭 시어들을 던져 보기도 하고, 끙끙 앓아 보기도 했다. 그 과정을 거치고 나니 아름다운 풍경과 꽃들이, 꿈틀거리는 사물들이 내게로 와서 생각의 꽃이 되었다.

　많은 시간 쌓고 쌓았을 때 내 안에 꺼지지 않았던 생각들이 조심스럽게 모퉁이를 돌아 새롭게 태어났다. 가벼운 깃털 같고 눈송이 같은 시였다. 생각의 알갱이들을 잃어버리기도 하고 잊어버리기도 했지만, 부르퉁 아저씨의 화단에 핀 꽃처럼 상상의 꽃들이 시로 피어났다. 사유에서 출발한 형상시를 쓰고, 그 속에서 상상의 날개를 활짝 펼치다 보니 시 쓰는 것을 멈출 수가 없었다. 시인으로 등단한 후 10년 동안 많은 생각들과 만났다. 생각꽃의 향기를 맡으며 드디어 한 권의 시집을 엮을 수 있었다.

　매일 같은 시간에 동네를 다니며 생각을 모으는 이 책 속 부르퉁 아저씨의 이야기는 상상력이 기발하다. 아저씨의 일은 생각을 모으는 일상적인 일. 그 생각으로 다른 사람들에게 꿈을 갖게 하고, 도전하게 만든다. '생각을 모으는 사람이 없다면 생각들은 줄곧 되풀이되다가 언젠가 완전히 사라질지도 모른다'는 염려의 말이나 '새로운 생각은 밤마다 꿈으로 들어가고, 생각꽃을 피워 생각을 날린다'는 말은 생각을 행동으로 옮겨야 한다는 뜻일 것이다.

만약 내가 쓰지 않고 생각만 했다면 한 편의 시가 세상에 나올 수 있었을까? 절대로 한 권의 시집으로 묶지 못했을 것이다.

대체 누가 '부르퉁'이란 이름을 가진 사람이 생각을 모으는 사람이라고 짐작이나 하겠는가? 어느 도시, 어느 마을이건 생각을 모으고 상상하고 꽃을 피우는 부르퉁 아저씨 같은 사람이 있을 것이다. 그래서 세상이 이토록 아름다운 것은 아닐까?

4. 사람을 심는 사람

> **나무를 심은 사람**
> 글: 장 지오노, 그림: 프레데릭 백, 옮긴이: 햇살과 나무꾼, 출판사: 두레아이들, 2002
> 주인공은 프로방스의 고산지대를 여행 중에 홀로 나무를 심고 있는 엘제아르 부피에라는 양치기를 만난다. 겸손한 부피에는 황무지에 꾸준히 도토리나무를 심고 있었다. 1, 2차 세계대전에 참전했던 그는 전쟁 후유증으로 우울증을 겪으며 힘겹게 살아가고 있었다. 다시 부피에를 찾아갔을 때 황폐했던 땅은 풍요로운 숲으로 변해 있었다. 무려 40년 동안 나무를 심어 온 부피에르. 황무지였던 땅은 어느덧 울창한 숲으로 변해 있었고, 온갖 생명이 살아가는 터전이 되어 있었다.

선한 사람, 행복한 사람은 어떤 사람일까?

이 책을 읽으면서 주인공인 나무를 심는 사람 엘제아르 부피에에는 분명 행복한 사람이었으리라 생각한다. 40년 동안 나무를 심고 가꿔 황무지를 아름다운 숲으로 변모시킨 것은 엄청난 희생과 헌신 없이는 안 되는 일이다. 잠깐 동안 선한 일을 하거나 남을 돕는 것은 가능하다. 하지만 아무런 대가도 바라지 않고 오랫동안 사람들에게 꿈과 희망을 주는 일은 결코 쉽지 않다. 장 지오노가 말한 것처럼 보기 드문 인격을 갖추고 있어야 가능하다.

내 옆에도 부피에와 닮은 사람이 있다. 부피에가 40년 동안 나무를 심은 것처럼, 내가 알던 29세의 한 청년은 노년이 된 지금까지 44년 동안 한결같이 소년원에서 복음을 전하며 물심양면으로 섬김을 다하고 있다. 나무가 죽어 버리는 절망의 시간을 이겨내고 황무지가 무성한 숲을 이룰 때까지 나무를 심고 또 심은 부피에처럼, 이 청년도 주변의 시기와 질투와 반대는 물론, 경제적인 어려움을 극복해가며 선한 싸움을 오랫동안 해왔다.

목회자가 되기 위해 신학교를 다니던 청년은 '이 사회에서 가장 힘들고 어려운 사람은 누구일까?'를 생각하다가 소년원의 아이들을 떠올렸다고 한다. 그 당시 청년은 고아원 아이들에게 하나님의 말씀을 전하고 있었는데, 한 아이가 소년원에 들어갔다는 이야기를 전해 들었다. 그는 그 아이를 면회 갔고, 그곳 소년원생들의 사정을 구체적으로 듣게 되었다. 부모의 돌봄을 받을 수 없는 그들은 의지할 곳이 없었다.

청년은 이곳이야말로 하나님의 사랑이 가장 필요한 곳이라는 생각을 굳히게 되었다. 청년은 자신이 앞으로 가야 할 곳이 어디인지 하나님의 뜻을 확인하기 위해 5일 동안 단식기도에 들어갔다. 그리고 기도 후에 확실한 사명을 깨닫게 되면서 소년원 선교에 헌신하게 되었다.

이 책의 주인공인 부피에는 자신이 할 일을 묵묵히 실현해 가는 하나님의 일꾼이었다. 그는 메마르고 거친 바람이 스산하게 지나가는 마을이 아니라, 향기로운 바람이 불어오고 젊은이들이 이주해 오는 비옥한 마을을 만들었다.

변화를 이루어 낸 부피에처럼, 한 청년의 소명에서 시작된 사랑과 헌신도 크고 작은 결실을 맺었다. 44년 동안 만난 수많은 아이들 중 행복하게 살아가고 있는 사람이 제법 많다. 그들 대부분은 하나님을 진실로 믿고 있고, 하나님을 믿음으로써 자신의 인생이 바뀌었다고 간증하고 있다.

청년은 "자신은 행복한 사람이다"라고 말한다, 자신에게 부여된 일을 천직으로 알고 최선을 다하며 영혼들을 섬긴 사람, 하나님을 두려워하며 정직하게 행하려고 노력한 사람, 육체는 건강하지만 마음이 병들어서 세상에서 가장 불쌍한 사람이 소년원생이라고 말하는 사람, 도움을 청하는 아이들을 보살피며 자립할 때까지 참아주고 양육하던 사람은 이제 나이가 들어 노인이 되었다.

지금도 그는 여전히 기도하고 있다. 하나님께서 부르시는 그날까지 어둠 속에서 방황하며 불행하게 살아가는 아이들을 위해 살아갈 것이라고 다짐하며. 그는 하나님이 주신 사랑으로 사람을 심는 사람이다. 나는 그 사람과 동역자로 한 집에서 살고 있다. 부피에에게 큰 존경심을 품었다고 말하는 주인공처럼, 나도 그 사람을 존경한다. 사람인지라 약점과 단점도 있지만, 어떤 난관에도 굴하지 않고 하나님을 향한 굳건한 믿음을 가지고 하나님의 사랑을 실천하는 그를 존중한다.

5. 지도에 없는 섬 하나

> **오래 슬퍼하지 마**
> 글: 글렌 링트베드, 그림: 샬로테 파르디, 옮긴이: 안미란, 출판사: 느림보, 2007
> 네 남매는 할머니의 죽음을 막고자 검은 망토를 입은 죽음이라는 사람에게 계속 커피를 따라주며 시간을 늦춘다. 죽음은 기쁨이와 슬픔이, 눈물이와 웃음이의 이야기로 죽음의 의미를 설명한다. 그리고 네 남매의 슬픔을 이해하고 공감하며 오래 슬퍼하지 말기를 당부한다.

오래전 일이다. 아침에 잘 다녀오라고 배웅했는데, 오후 2시쯤 한 아이의 비보가 날아왔다. 우리는 허둥지둥 차를 몰고 서산 앞바다로 달려갔다. 한 아이의 갑작스런 죽음에 우리는 슬픔도 뒤로 한 채 그저 발을 동동거리며 수습을 할 수밖에 없었다. 바다 가운데로 떠내려가며 허우적거리는 웅이를 구하고 물속에서 나오지 못한 해성가명이의 익사 사고였다. 안전대원들은 두 손을 가슴에 모으고 깍지를 낀 해성이의 시신이 기도하는 것처럼 보였다고 전했다.

생명이 가는 길에는 죽음도 있음을 알고 있고, 죽고 난 뒤에는 하늘나라로 간다고 믿고 있었지만, 갑자기 접한 어린 친구의 죽음은 정말로 황망했다. 죽음 앞에서 그 아이의 심정은 어땠을까? 얼마나 두렵고 무서웠을까? 해성이는 평소에 죽음을 생각해 봤을까? 기도하는 모습에서 마지막 순간 믿음에 의지했다는 것이 공허한 위안이 되었다.

해성이는 친가와 외가 두 집안 사이에 일어난 출생의 비밀이 있었다. 외삼촌과 미성년자 조카 사이에서 태어나 누구에게도 축복을 받지 못한 존재였다. 태어나자마자 큰아버지에게 맡겨져 16살 때까지 마음 붙일 곳 없이 살다가 청소년 공동체인 '겨자씨 마을'로 온 아이였다. 아무도 반겨주지 않는 세상에서 출렁거리며 꿈을 이루고자 몸부림쳤던, 어리고 여린 인생이었다.

해성이네 집안에서는 해성이의 죽음에 대해 시시비비를 따지지 않았다. 해성이의 장례식에는 오랫동안 길러준 큰아버지 부부만 참석했다. 담담하게 유골함을 건네받은 큰아버지는 그동안 돌봐줘서 감사하다고 인사를 전했다. 그 뒤 그분들의 소식은 알지 못한다.

죽기 전날에도 해성이는 고장 난 컴퓨터를 만지작거리며 오랜 시간 나와 함께 사무실에 있었다. 늘 웃는 얼굴로 말을 아끼고 무엇이든 열심히 하던 아이였는데, 그와의 작별이 이렇게 빨리 오리라고는 상상조차 하지 못했다. 아무런 예고도 없이 이정표를 바꿔버린 바람이었을까.

삶을 정리할 시간도 없이 가버린 17살의 해성이는 불쑥불쑥 슬품으로 찾아왔다. 이렇게 일찍 갈 줄 알았다면 좀 더 잘해 줄 걸, 좀 더 따뜻하게 대해 줄 걸 하는 후회와 자책이 한동안 마음속을 맴돌았다.

한 생명이 태어나서 살다가 죽음을 맞는 것은 하늘이 정한 이치다. 그 누구도 거부할 수 없는 인간의 한계이기에 생명의 존귀함을 알고 의미 있는 삶을 살아야 하는 것이리라.

서산 앞바다에 가면 한 생명을 구하기 위해 자신의 생명을 버린 고귀한 희생으로 지도에는 없는 섬 하나가 있다. 오래 슬퍼하지 않고 오래 기억할 수 있는, 그가 남긴 사랑을 잊지 않고 생생하게 떠올릴 수 있는.

6. 너의 잃어버린 꿈을 응원해!

> **점**
> 글: 피터 레이놀즈, 그림: 피터 레이놀즈, 옮긴이: 김지효, 출판사: 문학동네, 2003
> 미술시간이 끝났지만 아무것도 그리지 못하는 베티. 하고 싶은 대로 해보라는 선생님의 말에 점 하나를 찍고, 이름을 쓰게 된다. 일주일 후 액자에 담긴 자신의 그림을 보고 더 멋지게 그릴 수 있다고 말한 베티는 수많은 점들을 그린다. 그 후 학교에서 열린 미술 전시회에서 인기를 얻게 된다. 전시장에서 자를 대고도 똑바로 못 그리는 아이를 만난 베티는 미술 선생님에게 배운 대로 점 하나를 그리게 하고, 이름을 쓰게 한다.

이 책 속에 등장하는 베티의 선생님 같은 사람이 옆에 있다면 얼마나 좋을까. 웃는 얼굴로 베티를 기다려 주고, 하고 싶은 대로 해 보라는 선생님이 있어서 베티는 예술가가 되는 기적을 만들어 냈다. 아무도 흉내 낼 수 없는 독창적인 '점' 그림을 통해 예술가가 된 베티가 예전의 자기와 같은 아이에게 자신감을 심어주는 내용은 정말 감동적이다.

사람은 누구를 만나느냐에 따라 삶이 달라진다. 나에게도 베티의 선생님 같은 선생님이 있었다. 하얀 도화지를 앞에 놓고 머뭇거리던 베티와 달리 나는 어린 시절부터 그림 그리기를 즐겨 했고, 좋아했다. 초등학교 때는 그림 그리기 대회에 나가 자주 상을 타기도 했고, 중학교 미술 시간에는 가끔 내 작품이 친구들 앞에 전시되어 선생님의 칭찬을 듣기도 했다.

중학교 1학년이 끝나갈 무렵, 미술 선생님이 나와 친구들 몇 명을 불러 놓고는 그림 지도를 해주겠다며 미술 도구를 챙겨 미술실로 오라고 했다. 선생님의 인정을 받고, 특혜를 받는 것만 같아 자긍심이 차올랐다. 억누르기 힘든 기쁨을 안고 집에 가서 부모님께 말씀드렸더니 내 기대와는 달리 난감해 하셨다. 나는 부모님의 눈치를 볼 수밖에 없었다.

당시 아버지는 병환 중이셨고, 아버지의 사업이 부도를 맞아 집안 사정이 어렵다는 것은 알고 있었다. 하지만 미술 도구와 재료조차 살 수 없을 정도였다니, 실망이 이만저만 아니었다. 나의 재능을 알아봐 주시는 선생님을 만났지만, 기회를 놓쳐버린 나는 그림과는 멀어진 채 어른이 되었다. 가끔씩 조카들의 성화에 못 이겨 그림을 그려 주곤 했는데, 큰조카는 화가가 되었다. 조카의 말에 따르면 나의 영향이 컸다고 한다.

베티가 소년에게 그림을 그릴 수 있도록 영향을 준 것처럼, 나도 조카에게 영향을 주었다니 작게나마 위안이 되었다. 선생님의 제안으로 계속 지도를 받았던 친구들 중에는 화가와 중학교 미술 선생이 된 친구도 있다. 또 한 명은 은퇴 후 자신의 갤러리를 운영 중이다. 친구들은 꿈을 향해 나아갔고, 나는 그 길에서 멀어져 지금에 이르렀다.

'점'을 그림으로 인정해 주고 액자에 걸어 주던 선생님과 그 선생님을 보고 변하기 시작한 베티. 두 사람은 서로의 손을 맞대 손뼉을 친 실행파라고 생각된다. 더 늦기 전에 두 사람의 마음을 나에게 선물해 보고 싶다. 능력이 있더라도 사용하지 않으면 사장될 것을 알고 있기 때문이다. 그래서 나에게 조용히 속삭여 본다.

'이제 소리가 나도록 손뼉을 쳐봐.'

7. 푸른 청춘의 눈으로 걸어가 보리

인생을 다시 시작할 수 있다면
글: 나딘 스테어, 그림: 고가라시 퍼레이드, 옮긴이: 김혜남, 출판사: 가나출판사, 2020
5세의 할머니가 쓴 시다. 삶의 소중함과 어떻게 살아야 하는지를 가르쳐 주고

> 있다. 예쁜 그림이 감성을 자극한다.

　무성한 잡목림 같은 세상에서 이 책 주인공인 나딘 할머니의 시는 청량제 같은 매력이 있다.
　"나이가 들어 참 좋은 게 뭔지 아세요? 그건 이제야 정말 소중한 게 무엇인지 어떻게 살아야 하는지를 알게 된다는 거예요."
　이렇게 할머니는 인생을 다시 살 수 있다면 어떻게 살겠노라 구체적으로 말하고 있다. 할머니가 소중함을 깨달은 나이에 비하면 나에게는 아직 기회가 많이 남아 있다.
　20대 초반까지 가난한 집안 형편에 몸을 움츠리며 살았다. 고등학교를 졸업한 뒤 돈을 벌기 위해 직장에 들어갔지만, 사는 게 재미없었다. 하고 싶었던 것이 많았지만 경제적인 여유도 없었고, 늦은 퇴근으로 무엇 하나 배우는 것이 어려웠다.
　직장 친구의 권유로 교회를 나가게 되었다. 중단했던 신앙생활을 다시 하면서 나는 활기를 되찾게 되었다. 20대 중반에 예수님을 만나고 천국에 대한 소망을 가진 뒤, 기독교 가치관으로 바뀐 나는 그분의 종이 되는 삶을 선택했다. 나와 같은 길을 가고자 하는 사람과 일생을 같이 하기 위해 결혼도 했다.
　우리는 44년 동안 동역자로서 소년원 선교를 감당하고 살아왔다. 그러나 자라온 환경이 달랐던 우리는 상처를 주는 날선 칼을 서로에게 자주 휘둘렀다. 하나님의 일을 하면서 분란을 일으키지 않으려고 활화산 같은 감정을 숨기거나 추스르기 위해 무던히도 애를 썼고, 기도로 누른 날도 있었다. 기억을 더듬어 보면, 시시비비를 가리지 못한 말들이 억울하다고 소리치는 것을 보게 된다. 해결되지 않은 감정은 친밀함을 밀어내고, 적당한 거리를 두게도 만들었다.

인생을 살면서 삶의 고난으로부터 온전히 자유로운 사람은 없을 것이다. 인내한 시간들은 하나님에 대한 믿음과 사랑이 있었기에 가능했음을 깨닫는다.

85세 나딘 할머니의 시는 수십 년이 흘렀지만, 여전히 많은 사람들에게 큰 영향을 끼치고 있다. 도대체 사람들이 무엇을 느끼기에 애정하는 것일까? '맞아, 나도 그래'라는 공감 때문일 것이다. 이제는 참지 않고 내가 하고 싶은 것을 하면서 할 말 다 하며 살고 싶다. 살아온 날들보다 어쩌면 남은 시간이 더 짧을지도 모르는, 미래의 시간들을 어떻게 흐르게 하면 좋을까?

못다 한 것, 아쉬운 일들, 버킷리스트를 짜보는 것도 남은 시간을 구체적으로 계획하는 일이 될 것 같다. 무엇이 더 소중한가를 생각하고, 에너지를 갉아먹던 부정적인 감정을 비우는 훈련이 필요한 시기인 것 같다. 하나님께서 부르실 때 아쉬움 없이 떠날 수 있도록 더 많이 감사하고, 가족과 함께하는 시간을 많이 갖는 것도 중요하다. 성경 읽기와 기도에 더 많은 시간을 쏟고, 가난하고 힘든 사람들을 더 많이 섬겨야겠다.

100m 달리기를 하듯 전력질주했던 삶의 시간을 늦춰 천천히 둘레길을 걸으면서 느리게 시간을 붙잡아 두고 싶다. 따뜻한 커피를

준비해 시를 읽고, 아무렇게나 말해도 괜찮은 친구들과 자작나무 숲을 거닐고도 싶다. 무엇보다도 다양한 글쓰기와 여행을 떠나는 것, 자연과 더 가까이 지내보고 싶다. 탁구도 치고, 태권무도 배워 보고 싶다.

여섯 번째 이야기

나의 성장 에피소드 #7

유혜승 초

그림책으로 삶에 대해 이야기하는 것을 좋아한다. 상담을 전공했다. 1999년 성폭력 예방교육 강사가 된 후 청소년 상담에 관심을 갖게 됐고, 상담을 다시 공부했다. 가족 상담과 교육 전공으로 박사 과정을 마쳤다. 현재 개인 상담과 부부 상담, 가족 상담을 하고 있으며, 법원에서 이혼 소송 중에 있는 부부들도 만나고 있다. 마음 챙김과 자기 돌봄에 관심이 많으며, 몸과 마음이 건강한 미래를 기대하고 있다.

너는 특별하단다1

이젠 안녕

할머니가 남긴 선물

내가 가장 슬플 때

나보다 멋진 새 있어?

네가 어디에 있든
너와 함께 할거야

빨간 벽

1. 셀프 칭찬

> **너는 특별하단다**
> 글: 맥스 루카도, 그림: 세르지오 마르티네즈, 출판사: 고슴도치, 2002
> 웸믹이라는 작은 '나무 사람들'이 있었다. 그들은 모두 목수 엘리 아저씨가 만들었다. 제각기 다른 웸믹은 금빛 별표와 잿빛 점표가 든 상자를 가지고 다니면서 서로에게 붙여주는 것으로 하루를 보냈다. 재주가 뛰어나거나 색이 잘 칠해진 웸믹은 별표를 받고, 나무결이 거칠거나 재주가 없는 웸믹은 잿빛 점표를 받았다. 펀치넬로는 항상 잿빛 점표를 받아서 기분이 언짢았다. 그런데 어느 날 펀치넬로는 별표도, 점표도 없는 루시아를 만나게 된다.

어릴 적 착한 아이라는 칭찬을 듣는 것을 좋아했다. 말 잘 듣는 모범생이란 말을 듣기 위해 무던히 애를 썼다. 초등학교 때는 반장 역할을 잘해 선생님께 칭찬받고 싶은 마음에 청소도 열심히 하고, 친구들을 조용히 시키기도 했다. 하루는 동생들과 함께 '로보트 태권 브이'를 보러 시내 극장에 다녀왔다. 동생들을 잘 돌봤다고 엄마가 칭찬을 해주셔서 참 좋았다.

생각해보면 어른들이 하지 말라는 행동을 해본 기억이 별로 없다.

말 잘 듣고 규칙을 잘 지키는 아이였다. 예전에 누군가 학창 시절로 돌아가면 제일 해보고 싶은 게 뭐냐고 물었을 때, 고등학생으로 돌아간다면 학교 담을 넘어보고 싶다고 했었다. 가끔은 내가 만든 틀 속에 나를 가두고 사는 거 같아 답답한 마음이 들기도 했었다. 내 마음대로 자유롭게 살고 싶다는 마음이 들 때도 있었지만 늘 제자리였다. 결국 실천해보지 못한 채 안정적인 환경에 안주하는 사람이 되었다.

타인의 인정보다 스스로 자신을 인정하는 것이 중요하다는 것을 알고 있지만, 여전히 불안함을 느끼곤 한다. "잘했어", "고생했구나"와 같은 말을 들어야 제대로 마무리가 된 것 같은 느낌이 드는 것은 왜일까?

이 책을 보며 다른 사람들에게 받는 스티커를 매우 중요하게 여기는 사람이라는 것을 다시 느끼게 되었다. 타인에게 인정받는 것이 왜 그렇게 중요했던 것일까?

어릴 적 엄마는 몸이 약하셨다. 병원에 입원을 하거나 크게 아프셨던 기억이 있다. 어린 나는 불안한 마음에 엄마를 속상하게 하면 안될 것 같았다. 장녀로서 뭔가 도와드려야 할 거 같은 마음도 들었다. 그래서 말 잘 듣는 아이가 되는 것을 선택했던 것 같다. 가끔 엄마가 무서워서 꾸중을 듣지 않으려고 애를 썼고, 부모님에게 늘 아들같은 딸이기를 바랐다.

세 자매의 장녀였던 나는 4살, 6살 터울의 두 동생도 돌보고, 부모님 말씀도 잘 듣는 '예스걸'이었다. 아들이 없어도 괜찮다는 것을 보여주고 싶었다. 그러나 내심 부담도 있었다. 어쨌든 그래도 나는 부모님께 'NO'를 하지 않았다.

결혼은 잘 대해야 하는 대상을 또 만들어 주었다. 시어머니와 남편에게도 친정 부모님에게 했던 것처럼 애를 쓰며 살았다. 조금만 참고 잘하다 보면 좋은 날이 오리라 기대를 품고 살았다. 친정 부모님에 이어 시댁 식구들의 금빛 별표까지 붙이고 싶어 했었다. 오랫동안 착한 여자 콤플렉스를 안고 살았다.

아직도 내가 붙인 점표들이 남아 있고, 여전히 사람들이 금빛 별표를 붙여주길 바라는 마음이 들 때도 있다. 그러나 이제부터는 내가 없는 삶이 아니라 나를 돌보며 '나'로 살고 싶다. '맞아! 나에게는 부족한 부분도 있지만, 괜찮은 부분도 꽤 있지. 세상에 나랑 똑같은 사람은 없어. 그러니까 난 특별한 사람이고, 소중한 사람이지'라는 생각이 들면서 점표 하나가 땅으로 떨어진 느낌이 든다.

"너는 너이기 때문에 특별하단다.
특별함에는 어떤 자격도 필요 없으며 너라는 이유만으로 충분하단다.
남들이 어떻게 생각하느냐가 아니라 내가 어떻게 생각하느냐가 중요하단다."

-본문 중에서-

2. 잘 가, 희수야!

> **이젠 안녕**
> 글: 마거릿 와일드, 그림: 프레야 블랙우드, 옮긴이: 천미나, 출판사: 책과콩나무, 2010
> 죽음에 대해 생각하게 하는 그림책. 강아지 때부터 늘 함께 했던 호퍼를 잃은 해리가 슬픔을 극복해 내는 과정을 그렸다. 잠도 한 침대에서 잘 만큼 둘도 없는 사이인 해리와 호퍼가 어느 날 갑자기 이별하면서 겪게 되는 슬픔과 죽음에 대한 이야기를 전한다. 해리가 갑작스러운 이별을 받아들이고 극복하는 과정이 섬세하게 그려졌다.

어느 날 늘 일어나던 일이 갑자기 멈춰버리고, 이제 누군가를 더 이상 볼 수 없게 된다면 정말 당황스러울 것이다. 슬픔도 밀려올 것이다. 학교에서 돌아왔을 때 멍멍 짖고 꼬리를 흔들던 호퍼가 보이지 않았을 때 해리는 얼마나 놀랐을까?

2000년 밀레니엄 시대가 다가오자 어떤 일이 벌어질지 모른다는 심리가 사회에 만연한 적이 있었다. 1997년 코이카 단원이 되어 방글라데시로 갔던 막내 동생이 예정보다 이른 1998년 12월에 귀국했다. 1999년 4월 귀국 예정이었는데, 건강이 나빠져서 돌아온 것이다. 동생은 버틸 수 있을 때까지 최대한 더 있으려 했다고 한다.

동생은 풍토병인 말라리아에 두 번이나 걸렸는데, 그때는 말라리아가 그렇게 위험한 병인 줄도 몰랐다. 얼마 지나지 않아 한 연

예인이 말라리아로 사망했다는 이야기를 들었을 때 비로소 방글라데시로 가서 동생을 돌봐주지 못한 것이 후회되었다. 말라리아에 걸려 열이 나는데도 혼자 참고 견디려 했다는 이야기를 코이카 단원으로부터 전해들었을 때 너무 마음이 아팠다. 무지했던 나는 그 당시 말라리아를 감기처럼 생각했다.

한국에 도착한 동생은 너무나도 고통스러워했다. 큰 병원에서 검사를 받았는데, 예상보다 나쁜 상태였다. 유방암 말기 진단을 받았다. 청천벽력이었다. '이게 무슨 일이지. 좋은 일을 하러 간 건데 왜?' 하는 별별 생각이 다 들었다.

봉사활동을 가지 못하도록 동생을 말리지 못한 것이 후회되었다. 부모님도 상심이 컸다. 여기저기 수소문해 유방암 분야의 권위자를 찾아 진료를 받았다. 하지만 모두가 수술이 불가능하다는 진단을 내렸다. 그나마 한 병원에서 크기가 줄어들면 수술을 해볼 수 있다고 하여 실낱같은 희망을 안고 항암치료를 받기 시작했다.

내 동생 희수는 디자인을 전공하고, 디자이너로 일했다. 어느 날 방글라데시로 양재교육 봉사활동을 가겠다고 했을 때, 우리 가족은 모두 반대했다. 그러나 희수는 높은 경쟁률을 뚫고 뽑혔으며, 청와대에서 대통령과 함께 사진도 찍었다고 했다. 그럼에도 불구하고 해외로 나가면 오랫동안 못 보니 지금처럼 한국에서 봉사활동을 하면 좋겠다고 계속 설득했다. 하지만 자신에게는 삶의 중요한 계획 중 하나라고 해서 더 이상 말리지 않았다. 한편으로는 보람된 일이고, 새로운 기회가 될 거라고 생각도 했었다.

　희수가 돌아오자 방글라데시로 가기 전 봉사활동을 했던 수도회 신부님들과 수녀님들께서 집에 오셔서 계속 기도를 해주셨다. 우리 가족도 희망을 품고 기도했다. 동생은 항암치료로 머리가 빠지고 식사를 못하면서도 늘 웃으려고 애를 썼다. 그러나 우리의 간절한 바람에도 불구하고 다음 해인 1999년 1월 13일 새벽 28세의 나이에 하늘의 별이 되었다.

　1월 12일 아침, 서울에서 일을 마치고 돌아오는 시외버스 안에서 너무 힘들어하는 동생이 안쓰러워 '이제 고통을 멈추게 해주세요, 하느님. 동생이 빨리 보고 싶으시면 데려가셔도 돼요'라고 기도를 했는데, 새벽에 전화벨이 울렸다. 응급차를 타고 병원으로 가고 있다는 소식이었다. 오래 살 거라는 희망으로 인사도 제대로 못하고 왔는데 어떡하지 하는 생각이 들었다.

　희수를 보내고 집으로 돌아오는 내내 고통을 멈추게 해달라고 했던 기도가 마음에 걸리고 후회되었다. 너무 미안하고 많이 아쉽고 속상하고 슬퍼서 오랫동안 희수 이야기를 꺼내기가 어려웠다. 해리가 꿈에서 호퍼와 예전처럼 놀면서 시간을 보내고 마음의 준비를 한 것처럼 나에게도 시간이 많이 필요했다.

　《이젠 안녕》을 읽는 동안 나는 마음이 먹먹했다. 아직도 동생을 떠나보내지 못하고 있는 나를 보는 것만 같아서.

3. 할머니 손은 약손

> 할머니가 남긴 선물
> 글: 마거릿 와일드, 그림: 론 브룩스, 옮긴이:최순희, 출판사: 시공주니어, 2007
> 유아들을 위한 그림책. 항상 서로를 의지하며 행복하게 살던 할머니 돼지와 손녀 돼지. 손녀 돼지는 할머니의 나이가 너무 많아 이제 헤어져야 할 때가 오고 있음을 느낀다. 생명체는 언젠가는 죽음의 순간을 맞는다는 진리를 자연스럽게 깨닫게 해주는 이야기다.

"제가 어렸을 때 나쁜 꿈을 꿀 때면 할머니가 제 침대로 들어와 꼭 껴안아 주시던 거 기억나세요?"

"그럼, 기억나지."

"오늘 밤에는 제가 할머니 침대로 들어가 꼭 껴안아 드리고 싶어요. 그래도 돼요?"

"그럼, 되고말고."

- 본문 중에서-

어린 시절 외할머니의 보살핌을 받고 자랐다. 외할머니는 늘 조용조용 말씀하시고, 따뜻한 눈으로 나를 바라봐주셨다. 머리에 쪽을 지고 은비녀를 꽂았던 우리 외할머니. 직장에 다니는 엄마를 대신해 나와 동생들을 돌봐주셨던 우리 외할머니. 엄마가 근무하시던 초등학교그때는 국민학교 사택에서 태어난 나는 4살 터울 동생이 태어날 때까지만 해도 모든 사람의 사랑을 독차지했다고 한다. 학교 앞 작은 구멍가게를 물방구리처럼 드나들며 동네 어른들의 재롱둥이로 어린 시절을 보냈다.

내가 감기에 걸리거나 몸에 열이 나면 외할머니는 따뜻한 손으로 이마를 꾹 눌러 주셨다. 가끔 꾀병을 부려도 외할머니는 "어디 보자" 하며 이마를 짚어 주셨다. 외할머니의 손길을 한 번이라도 더 받고 싶어 응석을 더 부렸다. 그래서일까. 나도 우리 아이들이 아프다고 하면 이마를 짚어 주었다.

《할머니가 남긴 선물》 표지를 보는 순간 외할머니 생각이 났다. 주변을 정리하며 세상과 인사를 나누던 죽음을 앞둔 할머니 돼지와 할머니의 죽음을 받아들이려고 애쓰는 손녀 돼지의 마음을 느낄 수 있었다.

외할머니는 막내 아들 태호가 태어나던 달에 97세를 일기로 돌아가셨다. 마지막 몇 년은 치매로 고생하셨지만, 친정에 가면 외할머니는 자리에 누운 채 "우리 혜승이 왔구나. 고서방도 왔네" 하며 크게 반겨주셨던 모습이 떠오른다..

외할머니께서 돌아가셨을 때 나는 만삭이었다. 할머니 장지에 가면 안 된다고 해서 마지막 인사를 나누지 못한 것 같아 많이 아쉬웠었다.

내 기억에 외할머니는 따뜻하고 얌전한 소녀같은 분이셨다. 치매로 여러 번 길을 잃으시고 나중에는 나를 알아보지도 못하셨지만, 나를 사랑으로 키워주신 분이다. 그분께 마음속으로 이 말을 전

해본다

"할머니가 주신 선물 잘 간직할게요. 할머니, 정말 고맙습니다."

4. 해결되지 않은 마음속 이야기

> **내가 가장 슬플 때**
> 글: 마이클 로젠, 그림: 퀜틴 블레이크, 옮긴이: 김기택, 출판사: 비룡소, 2004
> 《곰 사냥을 떠나자》를 쓴 마이클 로젠의 글과 안데르센상을 수상한 퀜틴 블레이크의 그림이 어우러진 책. 죽은 아들 에디를 향한 아버지 로젠의 슬픔을 그림으로 표현했다. 글을 쓴 로젠은 자신에게 슬픔은 어떤 것인지, 슬픔이 어떤 영향을 미치는지, 슬픔을 어떻게 이겨내는지 말한다. 죽은 아들을 향한 아버지의 진심 어린 마음을 통해 정말 깊고 큰 슬픔을 만나보지 못한 아이들에게 감동을 전한다.

"어떻게 그 녀석이 감히 그렇게 죽어 버릴 수 있어?,
어떻게 그 녀석이 감히 아빠를 이렇게 슬프게 하냐고!"
에디는 아무 말이 없습니다.
에디는 이제 이 세상에 없기 때문입니다.

- 본문 중에서 -

아들 에디를 잃은 아버지의 마음을 그림으로 표현한 이 그림책 표지에서 아버지의 슬픔은 회색이다. "내가 슬퍼 보이면 사람들이 좋아하지 않을까봐 행복한 척하는 겁니다"라고 말하는 에디의 아빠처럼 동생의 부고를 받았을 때 나도 침착한 척했다. 동생을 보낸 나보다 자식을 잃은 엄마의 마음을 먼저 살펴야 했기 때문이다. 명예퇴직을 하고 동생을 살리기 위해 좋다는 것은 모두 해보려고 온갖 애를 쓰며 동생을 간호했던 엄마가 더 슬플 거라고 생각했다.

"이렇게 일찍 갈 줄 알았으면 먹고 싶다던 피자나 실컷 먹게 해줄 걸."

엄마가 가슴에 맺힌 말을 끝내 잇지 못하고 눈물을 흘릴 때도 나는 울음을 꾸욱 참았다. 동생을 떠나 보내고, 나는 엄마 옆으로 이사했다. 그 후 엄마, 아빠는 가톨릭 신학원에 다니셨다. 연세가 있어 어려울 법도 한데, 2년 동안 두 분은 열심히 신앙생활을 하셨다.

"슬픔이 아주 클 때가 있습니다.
슬픔은 어디에나 있습니다.
나를 온통 뒤덮지요.
슬픔 앞에서는 꼼짝할 수가 없습니다."

"에디를 아주 사랑했지만 그 아이는 죽고 없어요.
아마도 지금은 모든 게 예전 같지 않기 때문일 겁니다.
헤어진 내 가족처럼 말입니다.
몇 년 전의 모습과는 정말 다릅니다.

그래서 무슨 일이 일어났냐면.
내 마음속에 슬픈 곳이 생겨났습니다.
모든 게 예전 같지 않아서."

- 본문 중에서-

　에디 아빠의 말처럼 슬픔은 옅어지는 것 같다가도 금세 짙어져 나를 우울하게 했다. 세월이 흘렀지만, 동생의 기억은 그 순간에 멈춰 있었다. 그리고 내 마음속에도 슬픈 곳이 생겨났다. 모든 게 예전같지 않아서 나도 에디 아빠처럼 이것저것 해보았지만 별 소용이 없었다. 밀어두었던 슬픔의 크기도 줄어들지 않았다. 슬픔이 지나가는 데는 더 많은 시간이 필요했다.

"사람들에게는 저마다 슬픔이 있다고 생각해봅니다.
나만 슬픈 게 아니라고. 다른 사람들도 모두 슬픔이 있을 거라고."

- 본문 중에서-

　슬픔은 모두에게 오는 어쩌면 공평한 일이지만, 난 너무 많이 슬프고 아쉬웠다. 어느 날 원하는 사람을 만날 수 있는 마법의 시간이 온다면, 내 동생 희수를 꼭 만나고 싶다.

5. 내가 찾은 나다움

나보다 멋진 새 있어?
글: 매리언 튜카스, 그림: 매리언 튜카스, 옮긴이: 서남희, 출판사: 국민서관, 2018

어느 산책하기 딱 좋은 날 빌리는 집을 나선다. 그런데 고양이와 부엉이 그리고 다른 새들까지 빌리의 다리가 너무 가늘어서 이상하다며 수군거리기 시작한다. 모두에게 놀림을 받아 주눅이 든 빌리는 자신감이 떨어진다. 힘이 쭉 빠져 자세마저 구부정해진다. 우리는 자신과 다른 외모나 특성에 대해 수군거리는 데 왜 이리 적극적인 걸까. 외모뿐 아니라 집단의 기질이나 성격이 달라 어울리지 못해도 눈총을 받는 것이 현실이다. 그림책 속에서 이 상황에 대처하는 빌리는 획일화된 사회 속에서 남들과 다르지 않기 위해 부단히 애쓰는 우리에게 질문을 던진다.

"어머나. 네 다리는 진짜 비리비리해 보여."
다른 새들이 쿡쿡대며 웃어댔어.
모두에게 놀림을 받은 빌리는 너무너무 속상했어.
친구들이 놀려서 주인공 빌리는 운동도 하고 소시지도 산처럼 싸놓고 먹고, 옷으로 가려 보지만 잘되지 않았어.

- 본문 중에서 -

누군가에게 잘 보이려고 애쓰며 살던 때가 있었다. 어릴 때부터 칭찬받기 위해 노력했던 나는 결혼 후에도 착한 아이 컴플렉스를 버리지 못했다. 다른 사람들의 시선과 상대방의 입장에 나를 맞추며 살아왔다. 과연 모든 사람에게 좋은 사람이 존재하기는 한 걸까.

 결혼한 후 친정과 다른 가풍을 가진 시댁에 적응하는 것은 생각보다 힘들었다. 서울에서 자란 나와 제주도가 고향인 남편은 사용하는 말이 많이 달랐다. 특히 시어머니께서 말씀하실 때는 사투리 때문에 소통이 어려울 때도 있었다. 외국어처럼 해석을 해야 비로소 이해되는 말들이 꽤나 있었다. 그래서 시어머니 말씀을 들을 때는 늘 긴장했고, 추측해서 이해할 때도 많았다.

 생각보다 시집살이가 힘들었지만, 당시에는 당연하다 생각했다. 조금 지나면 사람들이 내 마음을 알아주고 잘해 줄 거라는 말도 안 되는 신념을 품었다. 고진감래라 했으니 조금만 더 참으면 될 거라고 생각하고 살았다. 오랜 세월이 지나고 다시 공부를 시작하게 되면서 '나는 왜 내 마음을 말하지 않고, 다른 사람에게 맞추려고만 하는 걸까?' 하는 의문이 들었다.

 내가 원하는대로 상대에게 하라는 말을 생각하고, 내가 받고 싶은 것을 상대에게 먼저 하려고 애를 썼다. 그렇게 내 마음을 표현 보면 상대방도 그만한 것을 내줄 줄 알았다. 하지만 그것은 나의 바람일 뿐 다른 사람들은 나를 이해하지 못했고, 나는 사람들과의 관계에서 빠르게 지쳐갔다. 착한 사람, 좋은 사람 콤플렉스는 나를 나답게 살지 못하게 했다.

 지금 생각해보니 그러한 관계 설정에는 나의 이기심도 작용했음을 깨닫는다. 칭찬을 듣고 싶어서 착한 일을 하기도 했음을 인식한 것이다. 내가 행한 만큼 대가가 돌아오길 기대하고 있음을 알아차리게 된 것이다. 그것이 칭찬이든, 내가 한 행동에 대한 합당한 대우이든 말이다.

이 책의 주인공 빌리는 어느 날 산책을 하다가 미술관에서 새로운 방법을 찾는다. 새로운 도전을 시작한 빌리는 자신만의 독특한 삶의 방식을 선택한다. 삶에 변화가 생기고 자신감도 얻는다. 다른 부분이 멋져지면서 약점으로 놀림을 받았던 대한 평가도 달라진다. 이제 빌리의 다리는 더 이상 부실한 다리가 아니었다.

스스로를 바라보는 태도와 환경을 바꾸어 변화하고 성장한 빌리를 보며 나도 변화를 꿈꾸기만 할 것이 아니라 무엇이든 시작해봐야겠다는 생각이 들었다. 새로운 시도와 변화를 두려워하는 나에게 빌리는 이렇게 말해주는 것 같았다.

"새로운 환경에서 새롭게 시작해 보는 것도 좋은 방법이 될 수 있어. 자, 어서 시작해봐!"

6. 나의 사랑 호호호

네가 어디에 있든 너와 함께할 거야
글: 낸시 틸먼, 그림: 낸시 틸먼, 옮긴이: 신현림, 출판사: 내 인생의 책, 2011

저자가 사랑하는 아들과 사랑받기 위해 태어난 세상의 모든 아이들에게 주고 싶은 책이라고 한 것처럼, 엄마가 늦은 밤 잠든 아이를 바라보며 들려주고 싶어 하

> 는 이야기를 그림책으로 만들었다. 땅과 하늘, 해와 별, 새와 나무 등 세상 모든 사물이 아이를 위해 존재하는 것만 같은 엄마의 마음을 느낄 수 있다. 아이가 자신을 향한 엄마의 충만한 애정을 확인하고, 엄마에게 자신이 세상에서 가장 귀중하고 특별한 '기적'임을 깨닫게 해준다.

나는 너를 사랑해.
네가 어디에 있어도
너와 함께할 거야.

내 사랑은 변하지 않아,
사라지지 않아,
끝나지 않아.

네가 어디에 있어도
너와 함께하지 못할 곳은 없어,

- 본문 중에서 -

 오래전 참석했던 집단 상담에 '유서'를 쓰는 프로그램이 있었다. 그때는 아이들이 많이 어려 유서를 쓰지 못하고 울기만 했었다. "어떻게든 아이들이 조금만 더 클 때까지는 살아야 해요"라며 실제 죽는 상황이 아니라는 걸 알면서도 유서를 제대로 쓰지 못했다.
 몇 년 후 막내가 일찌감치 대학 입학 수시 전형을 합격한 덕분에 고3 엄마를 조기에 졸업할 수 있었다. 다른 아이들이 수능 공부를 할 때 막내는 운전면허 시험을 치렀다. 그때 우연히 갔던 고깃집에서 막내는 첫 번째 아르바이트를 시작했다. 처음이라 불판을 잘 다루지 못해 손을 데자 나는 사장을 원망하며 위험하니 당장 그만두라고 소리쳤다. 하지만 아들은 2달을 하기로 약속했다며 기한을 마칠 때까지 계속 일했다. 약속을 지키려고 열심히 일하는 모습을 보니 다 컸구나 하는 생각이 들었다.

고3 때 대학 입시를 준비할 때도 아들을 데리러 학교에 간 적이 거의 없었다. 아르바이트 하는 식당 사장님이 마감을 부탁했을 때 차가 끊겨 30~40분을 걸어온 적이 있어 추운 날이면 아들을 데리러 갔다. 밤길을 걷는 것이 마음에 쓰였지만, 책임을 다하려 애쓰는 것을 보면서 '이제 막내도 스스로 앞가림을 할 수 있겠구나!' 하는 생각에 마음이 놓였다. 그리고 그해 겨울 집단 상담에서 나는 유서를 완성할 수 있었다.

아이들은 내 생에 가장 큰 선물이다. 아이들을 키우며 나도 어른이 되었고, 아이들이 자라는 만큼 나도 부모로서 성장했다. 조금 있으면 서른이 되는 막내를 포함한 세 아들은 이제는 더 이상 돌봄의 대상이 아니다. 오히려 나를 걱정해주고 도와주고 돌봐주는 아이들로 성장했다.

언제 이렇게 자랐을까? 어쩜 이렇게 멋지게 자랐을까? 호호호, 너무 고마워! 너희 앞에 놓인 길을 두려워하지 말고 앞으로 나아가길 응원한다! 너희들이 어디 있든 엄마는 너희와 함께 할 거야. 사랑해.

7. 내 안의 벽을 넘어서

빨간 벽

글: 브리타 테켄트럽, 그림: 브리타 테켄트럽, 옮긴이: 김서정, 출판사: 봄봄출판사, 2018

어느 날 고운 파랑새가 벽 너머에서 날아온다. 꼬마 생쥐는 파랑새에게 벽 너머로 데려다 달라고 말한다. 그리고 상상도 못하던 색색의 아름다운 세상을 만나게 된다. 꼬마 생쥐는 아름다운 세상을 다른 친구들에게도 보여주고 싶었다. 그런데 뒤돌아보니 벽이 보이지 않았다. 벽은 처음부터 없었다고 파랑새는 말한다. "마음을 열면 벽들은 하나씩 사라질 거야." 생쥐도 그게 무슨 말인지 알 것 같았다.

빨간 벽은
언제나 거기 있었어요.
눈 닿는 데까지 뻗어 있었지요.
벽이 어디서 시작되고 어디서 끝나는지,
처음에 어떻게 생겨났는지 아무도 몰랐어요.
벽이 있다는 것조차 모르는 것 같았어요.
하지만 꼬마 생쥐는 호기심이 많았어요,

"난 정말 궁금해. 벽 너머에 뭐가 있을까?"

- 본문 중에서-

 빨간 벽은 언제나 내 안에 있었다. 그러나 나는 그것조차 모르고 살아온 것 같다. "학창 시절로 다시 돌아간다면 뭘 해보고 싶은가?"라는 질문을 받았을 때, 학교 담을 넘어보고 싶다고 했었다. 호기심은 있었지만, 일탈을 꿈꾸지는 못했다. 친구들이 머리 모양을 이상하게 하거나 무슨 문제가 생기면, 그 아이가 벌을 받을까봐 걱정부터 했다. 정작 당사자는 아무렇지도 않은데.

 나는 늘 모범생(?) 쪽에 있어야 마음이 안정되고 평화로웠다. 다른 사람은 되지만 나는 안 되고, 나는 고자질을 하지 않지만 다른 사람들이 나를 고자질할 거 같았다. 지적을 받지 않기 위해 애쓰며 살았다. 그렇게 사는 게 편한 삶이라고 아들들에게 강요한 적도 있다.

 대학생이 된 큰아들이 어느날 한바탕 잔소리를 한 나에게 말했다. "우리가 엄마처럼 살면 좋겠어요? 답답하게? 우리도 규칙을 알고 잘 지키고 있으니 엄마 생각을 강요하지 않으면 좋겠어요."

 그때 큰아이 덕분에 알게 되었다. 내 고정관념의 틀 안에 아이들까지 가두려 했다는 것을.

 《빨간 벽》을 처음 읽을 때 긍정적인 도전정신을 떠올렸다. 하지만 점차 시간이 흐르면서 내가 높은 벽을 가진 사람임을 깨닫게 되었다. 벽 안에서 안정적인 삶을 추구하다 보니 그 너머의 상황도 모르고, 더 이상 알고 싶어 하지도 않는 우물 안 개구리임을.

파랑새가 설명해 주었어요.
"그 친구들은 두려운 마음으로 봐서 그래. 너는 궁금해하면서 봤잖아.
넌 정말 용감했어. 진실을 스스로 찾아 나설 정도로 말이야.
꼬마 생쥐야. 네 인생에는 수많은 벽이 있을 거야.
어떤 벽은 다른 이들이 만들어 놓지만, 대부분은 네 스스로 만들게 돼.
하지만 네가 마음과 생각을 활짝 열어 놓는다면 그 벽들은 하나씩 사라질 거야. 그리고 세상이 얼마나 아름다운지 발견할 수 있을 테고."
"벽이 어디 있지?" 꼬마 생쥐가 물었어요.
"무슨 벽?" 파랑새가 대답했어요.
"벽은 처음부터 없었어."

- 본문 중에서 -

이제부터는 마음과 생각을 활짝 열고 두려움 없이 세상을 살아가고 싶다. 아이들도, 다른 사람들도 그랬으면 좋겠다.
문득 세상이 궁금하다!

일곱 번째 이야기

그림책의 속마음

이근라

유치원, 어린이집, 학원, 센터 등에서 아이들과 30여 년 동안 함께 했다. 이를 바탕으로 아이들에게 교구를 활용한 창의 사고력 수업, 집중력 프로그램, 심리 검사를 하고 있다. 그와 더불어 성인교육(엄마표 수업과 강사 교육&코칭, 컨설팅)도 진행하며, 아이들을 위한 교구 및 교재 연구도 하고 있다. '꿈길희망등대 그림책 테라피 특강'을 들으면서 그림책 독서 모임에 참가하게 되었다. 마음이 말랑말랑해지는 감성적 경험을 통해 그림책을 좋아하게 되었다. 아이들과 부모에게 그림책을 이용한 다양한 경험도 전달하고 있다.

프레드릭

언제까지나 너를 사랑해

겁쟁이 아기곰

검은 반점

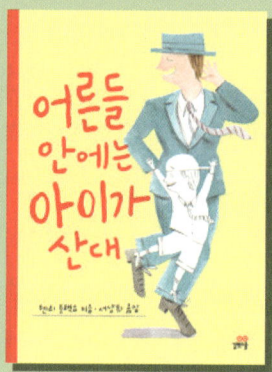
어른들 안에는 아이가 산대

담

너를 보면

1. 함께라서 더 행복한 우리

> **프레드릭**
> 글: 레오 리오니, 그림: 레오 리오니, 옮긴이: 최순희, 출판사: 시공주니어, 2009
> 1968 칼데콧아너상 수상작이자 다양한 소수의 가치, 예술가의 역할과 의미를 담은 레오 리오니의 대표작. 미국 저작권사의 정식 동의를 받아 출간된 전 세계 유일한 스몰 에디션이다. 들쥐 프레드릭의 귀엽고 아담한 캐릭터만큼이나 아담한 크기의 그림책을 만날 수 있다. 햇살과 색깔과 이야기를 모으는 프레드릭. 프레드릭은 자신의 생각에 흔들리지 않고, 이것들을 모아 다른 들쥐들에게 나누어 주며 행복을 심는다.

　이 책은 열심히 일하는 게 어떤 것인지 생각하게 한다. 나는 이 책을 읽으면서 '과연 열심히 일에만 전념하는 것이 올바른 방법이고, 최선의 선택인가?'라는 또 다른 생각을 하게 되었다.
　세상에는 열심히 일하는 사람도 물론 필요하다. 그러나 그에 못잖게 옆에서 함께 해주는 사람도 중요하다. 나는 무엇보다도 일을 하고 있는 나의 생각이 중요하다는 걸 조금씩 깨닫게 되었다. 똑같은 상황이지만, 사람마다 느끼는 것이 다르다는 것도 알게 되었다.

지금까지 나는 힘든 일이나 어려운 상황들이 나를 성장시키는 과정이라고 위안을 삼아 왔다. 이를 통해 스스로를 안정시키고, 다음을 준비할 수 있었다. 이제는 그런 상황들을 맞닥뜨려도 '앞으로 얼마나 더 잘되려고 이렇게 힘들까?' 하며 나를 다독인다.

이 책 주인공 프레드릭은 열심히 일하는 들쥐들과 달리 두 눈을 감은 채 졸고 있다. 다른 이의 시선에는 그렇게 보이지만, 프레드릭은 추운 겨울을 준비하기 위해 따뜻한 햇살과 예쁜 색깔, 재미있는 이야기를 모으는 일을 한다. 친구들 역시 그런 프레드릭을 미워하지 않고, 먹이를 모으는 등 열심히 자신들의 일을 한다. 추운 겨울 먹이가 떨어지고 돌담 사이로 찬바람이 스며들 때, 친구들은 프레드릭에게 그동안 모은 것을 나눠 달라고 요청한다. 프레드릭은 친구들에게 자신이 모은 따뜻한 햇살과 예쁜 색깔, 재미있는 이야기를 나눠주며, 춥고 배고픈 겨울을 함께 지낸다.

다른 이의 시선보다는 자신이 좋아하는 일을 하고, 다른 이들과 함께 나누는 프레드릭. 내가 살아온 날들이 나를 위한 것인지, 다른 사람들의 시선을 의식하고 해온 것인지를 다시 생각하게 한다. 나와 생각이 다르다고 해서 잘못된 것은 아니다. 이 책은 다름 가운데 자신이 할 수 있는 일을 하는 것이 이웃에게 더 도움이 될 수 있다는 사실을 일깨워 준다.

2. 보여주는 사랑보다 더 많이 사랑해

> **언제까지나 너를 사랑해**
> 글: 로버트 먼치, 그림: 안토니 루이스, 옮긴이: 김숙, 출판사: 북뱅크, 2008
>
> 미국에서 1,500만 부 이상 판매된 베스트셀러. 아이에게 많은 사랑을 주고픈 엄마, 아빠에게 추천하는 그림책. 한 아이가 태어나 아빠가 될 때까지의 과정을 통해 부모와 자식 간의 사랑을 보여준다. 이 책의 매력은 반복적으로 나오는 '자장가' 같은 후렴 부분이다. "너를 사랑해 언제까지나"로 시작하는 후렴구는 성장하는 아이의 나이에 따라 새로운 느낌으로 다가온다.

아이와 함께 하는 시간이 짧은 직장맘인 나는 이 책을 읽을 때마다 코끝이 찡하다. 보여주는 사랑보다 더 많이 사랑해, 민준아!

"너를 사랑해. 언제까지나 너를 사랑해. 어떤 일이 닥쳐도 내가 살아 있는 한 너는 늘 나의 귀여운 아기야."

각 장마다 반복되는 이 구절은 엄마가 아이에게 하는 말이다. 직장을 다니는 엄마다 보니 나는 아들과 함께 하는 시간이 짧아서 이 책을 더 많이 읽어주려고 노력했는지도 모른다. 그렇게 해서라도 아이에게 미안함을 덜어내고 싶었는지도 모른다.

아들이 6~7세가 될 때까지 나는 잠들기 전 매일 이 책을 읽어 주었다. 아마도 엄마인 내가 민준이를 많이 사랑하고 있다는 걸 기억해 주기 바라는 마음이 컸던 거 같다.

짧은 시간이지만, 나는 아이와 함께 재미있게 놀려고도 노력했다. 다른 아이들이 학습지 하는 시간에 나는 민준이와 딱지치기도 하고, 탑블레이드 팽이 시합도 하곤 했다. 서로 주거니 받거니 끝말잇기도 하고, 하늘 보고 생각나는 거 말하기 등 아들이 좋아하는 것을 많이 했다. 나에게 우선순위는 민준이의 공부가 아닌 민준이와의 관계였다.

이제 고3이 된 민준이. 공부를 잘하지는 않지만, 자신이 하고 싶은 일에는 자신감 지수가 한껏 올라갔다. 요즘 들어 아들이 많이 하는 말은 학업이 아닌, 자신이 하고 싶은 일에 관한 이야기다. 이야기를 나누며 장난도 많이 친다. 이제 와 생각해 보니 어릴 적부터 민준이가 나와 놀아준 것이 아니라, 아이가 나와 놀아준 것 같다.

"사랑해요, 어머니. 언제까지나 사랑해요. 어머니, 어떤 일이 닥쳐도 내가 살아 있는 한 당신은 늘 나의 어머니."

책 뒷부분에서 아들이 엄마를 안아주며 사랑을 표현하는 이 구절을 보면 나는 아직도 코끝이 찡하다. 민준이를 만난 처음부터 마지막까지 좋은 엄마이고 싶다. 엄마가 사랑을 많이 주었고, 많이 배우게 했다고 아들이 느꼈으면 하는 바람이 있다.

민준이에게 이 책을 읽어줄 즈음, 주변에 아이를 낳은 동료, 지인들이 많아 그들에게도 선물했다. 특히 둘째를 낳은 지인에게는 첫째 아이를 품에 안고 읽어주라고 선물하기도 했다.

3. 겁쟁이 아기곰이 든든한 엄마로

> **겁쟁이 아기곰**
> 글: 키스 포크너, 그림: 조너선 램버트, 옮긴이: 장미란, 출판사: 미세기, 2019
> 겁쟁이 아기곰이 든든한 엄마로 성장하는 이야기. 베스트셀러 팝업북 《입이 큰 개구리》의 키스 포크너, 조너선 램버트 두 작가가 함께 한 또 다른 작품이다. 이 책은 혼자 잠자리에 든 아이의 불안한 심리를 놀라운 상상력으로 풀어냈다. 우리 아이의 모습을 꼭 닮은 사랑스러운 캐릭터와 유쾌한 반전, 시원시원한 동물 팝업이 어우러진 절묘하고 탁월한 팝업북이다.

자기 방을 만들어 주었지만, 혼자 자는 게 무섭다며 거실에서 함께 잤던 우리 아들 민준이. 용기를 내서 혼자 자보려고도 했지만, 이내 엄마 품으로 달려오던 귀엽고 사랑스럽던 아들이 어느새 부쩍 자라 고3이 되었다. 이제는 엄마, 아빠보다 키가 훨씬 큰 아들. 바라만 봐도 든든할 따름이다.

나는 어릴 적 내 방을 가져보는 게 소원이었다. 오빠들은 자기만의 방이 따로 있었지만, 나와 언니는 엄마, 아빠와 안방에서 함께 지냈기 때문이다. 같은 공간에 있었지만, 불이 꺼지고 어두워지면 나도 모르게 엄마나 언니를 손을 만져보고 나서야 잠이 들었다. 불 꺼진 밤엔 많은 생각이 머릿속에 떠올랐고, 무서운 생각이 따라다녔다. 어른이 된 지금도 나는 혼자 잠드는 게 그리 좋지 않다.

그래서일까. 아들이 혼자 잠을 자려 할 때는 대견하다는 생각이 들었다. 7살 때 도전했다가 실패한 후, 초등학교 3학년이 되어서야 실행에 옮겼지만, 그런 아들의 도전이 그저 뿌듯하기만 했다.

어릴 적 민준이가 자기 방으로 들어가면, 나는 아이가 잠들 때까지 얼마간 거실에서 기다리곤 했다. 그러던 어느 날이었다. 아이가 몇 번이나 안방을 들락거렸다.

"엄마, 충전기 빨간 불이 나를 쳐다보는 것 같아."

아마도 《겁쟁이 아기곰》의 아빠 코 고는 소리처럼 민준이에게는 충전기의 빨간 불이 그랬던 모양이다. 당시 아이는 혼자 자고 싶은 마음은 있었지만, 혼자 있는 공간에서 오는 두려움이 더 컸던 것 같다. 불 꺼진 깜깜한 밤에, 그것도 어린 나이에 갑자기 홀로 잠을 청하면 머릿속으로 온갖 것을 상상하게 마련이다. 그중에는 무서운 생각도 있을 것이다. 무서운 생각이 들면 나를 지켜주는 누군가가 있다는 걸 확인하고 싶어진다.

이제 곧 성년이 될 아들 민준이에게 이 말을 전하고 싶다,

"아들, 아직은 어리광을 부려도 괜찮아. 모쪼록 서로의 존재만으로도 행복한 아기곰과 아빠 곰처럼 늘 함께 하자."

이 책에서도 혼자 자는 걸 무서워하는 아기곰이 나온다. 그 이유는 그에 대한 경험이 없기 때문이다. 경험이 차곡차곡 쌓이면 그것

이 아무것도 아닐 날이 올 것이다. 우리 아이들도 성장하면서 매번 새로운 경험과 마주하게 될 것이다. 아이가 새로운 일에 도전해 내적으로 성장할 수 있도록 옆에서 지그시 기다려주는 인내가 필요한 이유다.

4. 검은 반점. 이제는 안녕!

> **검은 반점**
>
> 글: 정미진, 그림: 황미옥, 출판사: 엣눈북스, 2016
>
> 대다수 사람들에게는 숨기고 싶은 것이 있게 마련이다. 이 책은 숨기고 싶은 검은 반점이 나에게만 있는 게 아니라 누구나 가지고 있고, 이런 반점들 역시 나라는 걸 인정하는 순간, 어둡게만 보였던 검은 반점들이 멋지게 빛난다는 걸 알게 해준다.

아주 어릴 적 생인손을 앓아 손톱이 여러 번 빠졌다. 덕분에 갈라지고 각지게 튀어나온 왼손 엄지손톱을 갖게 되었다. 학교에 입학하면서 나의 손톱과 친구들의 손톱이 다르다는 것을 알게 되었다. 그 후 나는 왼쪽 엄지손톱이 보이지 않도록 항상 주먹을 쥐고 다녔다. 다른 누군가가 내 손톱을 보는 게 싫었다. 이 손톱은 나를 더욱 자신감이 없는 아이로 만들었다.

이런 나에게 또 다른 검은 반점 같은 것이 있다. 지금은 연락이 끊긴 친구다. 그 친구는 사고로 인해 외모는 물론 학교생활도 힘겨운 아이였다. 초등학교 3학년 때, 동네 시장에서 다른 친구들과 함께 있던 나는 그 친구의 반가운 인사에 나는 "어, 그래" 하고는 급히 자리를 옮기고 말았다. 나의 엄지손톱처럼 그 친구 역시 다른 친구들에게 보이고 싶지 않았기 때문이다. 그 후 그 친구를 다시는 볼 수 없었다. 미안했다고 사과하고 싶어도 지금은 할 수가 없다.

한 아이의 엄마가 되면서 나는 엄지손톱을 더 이상 감추지 않게 되었다. 그러자 문득 그 친구가 생각났다. 처음에는 그 친구를 챙겨주고 싶어서 친해졌지만, 그 친구와 함께 있는 모습을 숨기고 싶은 마음에 멀어지게 되었다. 나의 검은 반점을 받아들인 지금, 나는 그때의 어린 나에게 이렇게 말해주고 싶다. "너무도 크게만 느껴졌던 검은 반점. 그때도 지금도 내가 사랑하는 것들이고, 이제는 검은 반점들을 있는 그대로 사랑할 만큼 마음이 자랐다"고.

검은 반점 같은 상흔은 거의 누구에게나 있다. 하지만 그 검은 반점을 받아들이는 것은 사람마다 다르다. 그것을 숨기려는 사람도 있고, 그 역시 소중한 나라는 걸 알고 숨기지 않는 사람도 있다. 하지만 내가 있기에 검은 반점이 있다는 것을 우리는 알아야 한다. 이 책에서는 이렇게 말한다.

"얼마나 멋지냐고? 모두 반점 때문이야."

이제야 이 말뜻을 조금 알 것 같다. 각기 다른 반점들이 모여 멋진 세상이 만들어지고, 검은 반점도 자신의 소중한 일부라는 것을.

5. 가끔은 아이이고 싶다

> 어른들 안에는 아이가 산대
> 글: 헨리 블랙쇼, 그림: 헨리 블랙쇼, 옮긴이: 서남희, 출판사: 길벗스쿨, 2022
> 자기 안에 있는 아이를 감추기 위해 항상 바쁜 척하고 스트레스 받는 척하는 어른들의 모습을 재미있게 표현한 책. 내 안에 아직도 많은 아이들이 살고 있어 재미있게 살아갈 수 있음을 알게 해주는 의미 있는 책.

"그거 알아? 어른들은 누구나 자기 안에 아이를 품고 있어. 어른들은 자기 안에 있는 아이를 숨기려고 항상 바쁜 척하고 스트레스 받는 척을 해."

어릴 적 나는 빨리 어른이 되고 싶었다. 어른이 되면 내가 하고 싶은 대로 할 수 있다는 생각이 들었기 때문이다. 하지만 어느 때부터인가 나는 어린아이로 있었으면 하는 생각을 하게 되었다.

어릴 때는 나보다 언니, 오빠, 어른들의 생각이 옳다고 생각했다. 4남매 중 막내인 나는 그저 언니, 오빠들을 따라가는 데 급급했다. 그때는 그런 내가 싫었다. 무언가를 결정할 때 내 생각보다 다른 사람들의 의견에 더 많이 의지하는 우유부단함도 싫었다.

어른이 된 지금은 아직도 어린아이였으면 하는 마음을 갖고 있다. 감사하게도 하는 일이 아이들의 눈높이에 맞춰 수업을 하거나 함께 노는 것이다. 덕분에 어릴 때로 돌아가고 싶은 마음을 대리만족으로 달래고 있다.

지금의 교습소로 이사하고 나서 한 달쯤 지났을 때의 일이다. 평소처럼 아이들 노래에 맞춰 엉덩이를 흔들며 웃고 있었다. 그런데 건물 주인이 문을 열고 들어오다가 갑자기 죄송하다며 황급히 뒤돌아섰다. 다행히 아이들과 함께 있었기에 내 속의 어린아이 모습이 자연스럽게 비춰졌으리라.

얼마 전 아들이 눈물을 흘리며 이렇게 말한 적이 있다.

"엄마, 난 어른이 되고 싶지 않아. 천천히 어른이 되고 싶어."

그 말에 마음이 무거워졌다. 어리광 부리고 짜증 내는 모습에 아들이 아직 어린 줄로만 알았다. 아직은 부모 그늘에서 편히 지내도 되는데. 아직은 자신에게 맞는 걸 찾기 위해 이것저것 해봐도 되는데. 너무 빨리 철들고, 너무 빨리 결정하는 것 같아 마음이 아팠다. 아마도 아르바이트를 하면서 빨리 철이 든 거 같다. 어른이 되면 져야 할 책임도 많다는 걸 안 것인지, 천천히 어른이 되고 싶다며 눈물을 보인 아들. 나는 이 말들밖에는 해줄 수가 없었다.

"민준아, 아직은 엄마 아빠 품에서 어리광 부리고 쉬엄쉬엄해도 돼. 네가 한 일에 대한 책임은 스스로 져야겠지만, 힘들고 어려울 땐 도움을 청해도 괜찮아. 엄마 아빠는 언제나 민준이 옆에 함께 있으니까."

"민준아, 엄마도 어린아이였으면 하는 생각을 하곤 해. 어릴 땐 몰랐어. 어른이 되면 할 일이 많은 만큼 질 책임도 많다는 걸. 힘들 땐 힘들다고 말하고, 놀고 싶을 땐 어린아이처럼 신나게 노는 것도 좋아. 신나게 놀고, 그다음을 준비해도 된다는 걸 기억했으면 좋겠어."

6. 친구라는 존재의 의미

담

글: 지경애, 그림: 지경애, 출판사: 반달그림책, 2019

과거에 담은 숨바꼭질 놀이터. 쓱쓱쓱 한바탕 장난 글씨를 쓰는 낙서장처럼 친근하게 우리 곁에 있던 친구였다. 하지만 현대에 들어 낮은 담이 사라지고 높은 담이 우뚝 선 지금, 그것은 우리에게 어떤 의미일까? 그 옛날 담이 우리 아이들 마음을 안아주었듯, 걱정 없이 마을과 골목 여기저기서 뛰놀았듯, 우리 아이들이 좀 더 자유롭고 열린 마음으로 자라길 바라는 뜻을 담에 빗댔다.

이 책은 친구란 무엇인지 생각하게 한다. 지금은 많이 사라지고 없는 담. 아이들이 숨바꼭질이나 한바탕 장난 글씨도 쓸 수 있었던 담. 아이들에게 높지도 낮지도 않고, 조금만 힘을 쓰면 훌쩍 뛰어넘을 수 있었던 담은 아이들에게 친구였다.

시골길을 걷다 낮은 담을 보면 어릴 적이 생각나 정겹기 그지없다. 요즘은 담에 그림을 그려 지역 특색을 표현하거나 볼거리를 제공하기도 한다. 그러나 아쉬운 것은 담과 같이 했던 아이들이 보이지 않는다는 것이다. 어쩌면 담은 친한 친구를 잃어버렸는지도 모른다.

"금이 가고, 칠이 벗겨진 담벼락에 다섯 손가락을 대고 걸으면, 담은 '레미파 레미파' 소리를 냅니다. 담이 들려주는 소리와 이야기에 가만히 귀를 기울여 봅니다. 담은 우리의 친구가 되어줍니다."

20대 초반에 읽은 책과 제목이 같아서 집어든 이 책을 통해 나는 친구가 무엇인지 다시 한 번 생각하게 되었다. 어릴 적부터 성장하며 만나거나 교제해 온 친구들은 담같은 존재였다. 무언가를 잘하거나 잘난 것도 아닌 그저 함께 있어준 존재였다. 아이가 장난 글씨를 쓸 수 있도록 도화지가 되어주고, '레미파 레미파' 노래할 수 있도록 피아노가 되어준 담처럼, 부담 없이 장난도 치고, 무언가를 할 수 있게끔 동기 부여도 해준 존재였다.

그런 친구들과 평생 함께 할 수 있다는 건 어쩌면 삶의 가장 큰 축복이 아닐까 싶다. 나이 들수록 친구라는 존재가 더 살갑게 느껴진다. 그런 그들과 함께 하는 시간이 소중해지고, 더욱 빛을 발해 간다. 어쩌면 세상의 모진 풍파를 헤쳐 가는 우리에게 친구는 함께 하는 동반자요, 이정표를 더욱 밝게 비춰주는 등대가 아닐까 싶다. 집에 있는 모든 것을 포용하는 담처럼, 항상 그 자리에서 친구는 우리를 기다리고 있다. 손을 내밀고 말을 걸면 그 친구는 당신 것이 된다.

오늘은 모처럼 연락이 뜸했던 친구에게 전화를 걸어야겠다. 잘 지냈냐고, 어떻게 사냐고, 몸은 건강하냐고. 그도 아니면 그저 한껏 수다라도 떨어야겠다.

7. 혼자가 아닌! 우리가 함께 살아가는 세상

> **너를 보면**
> 글: 최숙희, 그림: 최숙희, 출판사: 웅진미디어, 2018
>
> '나'를 자랑스러워 하고 '너'에게 다가갔던 아이는 이제 세상을 더 넓고 깊은 시선으로 바라보며 '우리'가 되는 길을 알아가기 시작한다. 표지 속 아이는 낯익은 아이다. 오랜 시간 꾸준히 사랑 받아온 《괜찮아》와 《나랑 친구 할래?》를 통해 만난 적이 있다. "괜찮아. 나는 세상에서 가장 크게 웃을 수 있어"라며 당찬 얼굴로 함박웃음을 짓던 아이, "나랑 친구 할래?"라며 한 발짝 먼저 다가가 다정하게 손 내밀던 그 아이에게 무슨 일이 있는 걸까?

이 책 속 아이는 친구들의 아픔과 슬픔을 본다. 너와 내가 각자 살아가는 게 아닌 우리와 함께 살아가는 아이의 모습 속에서 우리는 공감을 배울 수 있다.

"한참 동안 너를 바라보았어"라고 말하며 아이가 바라보는 세상

속에는 상처 입은 친구들이 있다. 집을 잃은 동물, 뿌연 하늘을 나는 나비, 메마른 땅을 헤매는 아기 코끼리, 홀로 남겨진 동물, 친구가 필요한 홀로 남겨진 원숭이 등. 친구들을 보는 아이 눈에는 어느새 눈물이 맺힌다. 대신해 줄 수 있는 게 하나도 없어서.

아들이 초등학교 2학년 때 일이다. 아들이 "엄마, 집에 오다가 어떤 할머니가 무거운 짐을 들고 가시길래 전철역까지 들어 드렸어"라고 했다. 그 말에 나는 이렇게 답했다.

"민준아, 너처럼 그렇게 도움을 필요로 하는 사람들을 도와주는 건 당연해. 그런데 요즘에는 위험할 수도 있어. 그렇게 도와주는 사람들을 납치해 간다고 뉴스에서 본 적이 있거든."

최근 들어 사회 분위기가 어르신들을, 도움이 필요한 사람들을 외면하는 게 당연시되어 가고 있다. 아들의 행동은 칭찬받아 마땅했다. 하지만 그때 나는 아들에게 마냥 칭찬만 해줄 수가 없었다. 어려운 사람을 도와주는 것도 좋지만, 아들의 안전이 나에게는 더 중요했기 때문이다. 그 말을 하고 나서 돌아보니 세태 탓을 하며 세파에 물들어 있는 나의 모습이 너무나도 실망스러웠다.

그런데 며칠 전 논현동에서 문화센터로 수업을 하러 가던 중이었다. 대학생으로 보이는 남자가 내 캐리어를 전철역 계단 아래까지 들어다 주었다. 사람들은 힘들 때면 우리 민준이가 했던 따뜻한 행동처럼 다른 사람의 도움을 원한다. 그러나 정작 우리 자신은 어떤가. 도움을 필요로 하는 사람을 보면 외면할 때가 많다. 심지어는 나조차도 그랬다.

'선한 영향력'이라는 말이 있다. 선한 영향력을 행하면 거기서 끝나지 않고 다른 사람들에게 전파되어 궁극적으로 사회를 밝게 만든다. 대표적인 것이 바로 기부다. 기부를 받은 사람이 그에 대한 감사의 마음을 다시 실천에 옮겨 사회가 따뜻해지는 것을 볼 수 있다.

사실 선한 행동 그 바탕에는 공감이 자리하고 있다. 일명 '측은지심惻隱之心'으로 불리는 남의 불행을 함께 아파하는 마음이 있다. 정신을 차릴 수 없을 만큼 급변하는 세상에서 우리는 이러한 공감 능력을 잃어가고 감정이 점점 메말라가고 있는 것은 아닐까? 우리가 느끼는 영혼의 배고픔은 이러한 공감 능력 상실에서 오는 것은 아닐까? 얼마나 슬펐을까, 얼마나 아팠을까 하며 다른 사람들에 대해 슬퍼하고 안타까워해 주는 마음을 잃어가고 있는 우리에게 이 책은 자신을 다시 한 번 돌아보게 해준다.

여덟 번째 이야기

그림책에 물들다

혜윰

중2 때 우울증 진단을 받고, 아직도 우울증과 동무를 하고 있는 19살 자퇴생이다. 현재 그림책 읽기와 글쓰기를 통해 오롯한 자신을 찾아가고 있는 중이다. 2023년 초 우울증을 겪는 이들에게 위로가 되는 전자책을 출간했다. 현재 그림책을 읽는 데 많은 시간을 할애하며 자신의 미래를 그려가고 있다.

가드를 올리고

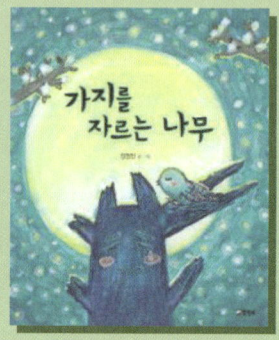
가지를 자르는 나무

애너벨과 신기한 털실

그림자 놀이

! 느낌표

고함쟁이 엄마

어느 개 이야기

1. 포기 말고 다시 일어서!

> 가드를 올리고
>
> 글: 고정순, 그림: 고정순, 출판사: 만만한 책방, 2017
>
> 작가는 마치 실제 경기를 보는 느낌으로 두 선수만의 치열한 싸움을 거친 목탄으로 튀어나올 듯, 튕겨 나갈 듯 속도감 있게 그려냈다. 그림을 보는 내내 아픔이 고스란히 전해지는 듯했다. 쓰러지고 일어서는 권투 선수의 모습을, 산을 오르며 정상에서 부는 바람을 기대하는 사람의 마음에 비유했다.

이 책은 사람의 마음을 복싱 선수에 빗대 쓴 것이다. 읽는 내내 내가 겪은 힘든 시기와 너무 닮았다고 느껴졌다. 심지어는 거칠게 스케치된 그림까지도 나의 고단한 심정을 고스란히 보여준 것 같았다. 자연스레 공감이 가 책을 내려놓을 수가 없었다.

이 책에서 나를 사로잡은 말이 있다. '그만 내려갈까'다. 그동안 나는 늘 포기하고, 회피하며 살았던 것 같다. 조금만 힘든 상황과 마주쳐도 이내 마음을 내려놓고 포기해버렸다. 이렇게 항상 회피만 하다 보니 결국 나에게 남는 것이 아무것도 없었다.

하지만 이때 나를 다시 일으켜 세워준 말이 있었다. '매일'이다.

깊은 우울감을 가진 나에게는 매 순간이 엄청난 도전이었다. 복싱 선수가 링 안에 들어간 것처럼 하루하루가 긴장의 연속이었다. 그래도 나는 혹시 모를 희망을 품고 매일매일 다시 일어섰다.

그 과정을 거치고 나니 이제는 도전하려면 얼마나 큰 용기가 필요한지 잘 알고 있다. 물론 도전하는 과정에서 내 뜻대로 되지 않을 때도 있었고, 점차 확신이 사라져 방황한 적도 있었다. 더 이상 앞으로 나아가기 힘들어 포기한 적도 있었고, 계속되는 좌절로 깊은 절망감에 빠진 적도 있었다.

하지만 극복하고 나니 그러한 실패와 좌절이 오히려 나를 성장시켰음을 알게 되었다. 도전에 실패하든 성공하든 그것은 나에게 경험이 되었다. 그리고 다시 시작할 수 있는 용기가 생겼다.

우리는 무엇을 하든 도전이 필요하다. 그 과정에서 절대 포기하지 않고 오뚜기처럼 다시 일어선다면 한층 성장한 나, 어제보다 성장한 나를 만날 수 있다. 매번 성장하는 나도 만날 수 있다. 지금 도전을 망설이는가? 그런 사람이 있다면 《가드를 올리고》를 집어들어 읽어볼 것을 권한다.

2. 상처에 지지 않고 나아가기

가지를 자르는 나무
글: 장정인, 그림: 장정인, 출판사: 양철북, 2012

> 어릴 때 받은 상처 때문에 스스로 가지를 자르는 작은 사과나무와 그 나무를 지켜주고 힘이 되어준 새의 이야기를 담아낸 따뜻한 그림책. 봄, 여름, 가을의 느낌과 시간의 흐름을 밝고 화사한 색감으로 표현해서 작은 나무와 새의 우정을 따뜻하게 보여준다.

나는 아직 치유되지 않은 상처를 안고 있다. 그것은 타인으로부터 온 것이며, 어쩌면 영원히 마음속 상처로 남을지도 모른다. 이 아픔이 아직도 나에게는 버겁다. 이 책을 보았을 때 나무가 나인 것 같아 깊게 몰입되었다. 어쩌면 나도 상처 때문에 스스로를 막고 있는 것은 아닐까 하는 생각이 들자, 새처럼 공감해주고 도와주신 선생님이 떠올랐다.

나는 어릴 적에 좋지 않은 일을 당했다. 그 후 늘 심리적으로 불안했다. 어릴 때는 화장실도 혼자 못 갔다. 우울증을 앓고 나서는 감정 기복이 심해 매일 울며 지냈다. 나는 점점 무기력해졌다. 그리고 날이 갈수록 증상이 심해지다 보니 어느 순간부터는 나아지지 않을 거라는 생각을 하게 되었다.

그래서 중2 때부터 정신과에 다녔다. 진단은 우울증, 불안 장애, 감정 기복 장애였다. 약도 먹고, 상담도 받으러 다녔다. 이렇게 힘들어지다 보니 학교도 자주 빠졌다. 그러던 어느 날, 담임선생님께 연락이 왔다. 선생님은 내가 학교에 제출한 처방전을 보고 많이 놀라셨다고 했다.

"요즘 어떻게 지내? 괜찮니?"

선생님이 나에게 먼저 말을 건네 주셨다. 나도 마음을 열고 내 이야기를 했다.

"제가 좀 우울해서 쉬고 있어요."

그 후 선생님은 내가 학교에 가지 않아도 연락을 하시곤 했다. 나는 차츰 선생님의 연락을 기다리게 되었다. 선생님과 대화하는 것이 위로가 되고 행복했다. 연락은 항상 장문의 편지로 이어졌다. 그 무렵 담임선생님뿐 아니라 국어선생님과 다른 선생님들도 나에게 관심을 보이셨다.

"혜윰아, 모두 너를 기다리고 있어. 선생님들도 너를 보고 싶어 해."

선생님과의 통화 중 가장 기억에 남는 말은 모두가 나를 기다리고, 보고 싶어 한다는 말이었다. 이 책에서 가지를 자르는 나무도 새가 온 뒤부터 상처 때문에 만든 벽을 허물 수 있었다. 모쪼록 이 책을 통해 상처로 인한 두려움도 극복할 수 있다는 것을, 누군가의 관심이 또 다른 누군가를 일으켜 세울 수 있다는 것을 많은 사람이 알았으면 좋겠다.

3. 베푸는 마음이 주는 행복

애너벨과 신기한 털실
글: 맥 바넷, 그림: 존 클라센, 옮긴이: 홍연미, 출판사: 길벗어린이, 2013

> 새하얀 눈과 까만 검댕밖에 보이지 않는 작고 추운 마을에 사는 애너벨이 갖가지 색깔의 털실이 든 조그만 상자를 발견하면서 벌어지는 이야기. 우리가 가진 재주와 재물을 어떤 마음으로 어떻게 사용하느냐에 따라 세상을 새롭게 변화시킬 수 있다는 것을 깨닫게 해준다.

당신은 누군가에게 무조건적으로 선행을 베푼 적이 있는가? 이 책에서 애너벨은 끊임없이 나오는 신기한 털실로 스웨터를 만들어 준다. 이 덕에 새하얀 눈밖에 없던 조그마한 마을은 알록달록하게 변해간다.

2020년, 사람들은 코로나19로 그동안 경험하지 못한 새로운 환경과 마주하며 힘든 시기를 보냈다. 이때 나는 가장 최전선에서 고생하는 의사선생님들을 응원하고 싶었다. 그러던 중 유튜브를 보다가 상자편지라는 것을 알게 되었고, 일주일을 투자해 그것을 완성했다. 그리고 난 후 의사선생님들에게 필요한 물품들을 구매했고, 모든 것이 준비되자 우체국으로 달려가 택배를 부쳤다.

내가 만든 상자편지와 생필품은 명지병원으로 전달되었다. 그 상자를 마련하고, 채우고, 부치면서 가슴이 벅차올랐다. 이 경험을 통해 나는 누군가에게 도움을 주는 것이 오히려 자신을 더 행복하게 만든다는 것을 깨달았다.

나는 현재 3곳에 기부를 하고 있다. 상처 입은 아이들, 도움이 필요한 사람들, 동물 후원 단체가 그곳이다. 기부를 하면 카카오톡이나 문자로 연락이 온다.

"후원자님 덕분에 따뜻한 마음을 전할 수 있었습니다."

나는 이 문구를 보며 더 많은 기부. 더 많은 봉사를 해야겠다고 다짐하게 된다. 베푸는 마음은 그 무엇과도 바꿀 수 없을 만큼 가치 있고, 중요한 것이다..

이 책에 신기한 털실을 사려는 귀족이 등장한다. 그러나 애너벨은 팔지 않는다. 아마도 그것이 돈보다 더 소중한 가치를 지니고 있음을 알았기 때문이 아닐까?

따뜻한 마음을 베푸는 것은 사실 그리 어렵지 않다. 진심만 있으면 된다. 만일 누군가에게 도움을 주었다면 당신은 선한 영향력을 끼친 것이고, 그 따뜻한 마음은 다시 당신에게 돌아올 것이다. 이 책 속에서도 스웨터를 준 사람이나 동물 등은 모두 털실로 이어져 있다. 도움을 주는 사람과 도움을 받는 사람도 모두 이어져 있다. 그들은 서로에게 좋은 영향을 줄 것이고, 이런 일이 지속될수록 그들은 나날이 더욱 행복해질 것이다.

4. 그림자를 통해 상상의 나래를

그림자놀이

글: 이수지, 그림: 이수지, 출판사: 비룡소, 2010

이 책은 현실과 환상을 넘나드는 신나는 그림자놀이로 읽는 이들을 초대한다. 목탄으로 그린 먹선 위에 하얀색, 노란색, 검은색만 사용한 스프레이 기법의 생

> 동감 넘치는 역동적 그림으로 글자 없이도 속도감 있게 이야기를 끌어나간다. 그림자로 아이들이 직접 신비하고 신나는 상상을 하고, 창조적 놀이를 펼치도록 인도한다.

대다수 사람들이 어릴 때 그림자놀이를 해봤을 것이다. 그림자 밟기, 그림자 모양 만들기 등 유형은 제각각이겠지만. 자기가 상상한 대로 그림자를 움직일 수 있다면 어떨까? 이 생각에서 출발했는지는 모르겠지만, 이 책 또한 한 아이가 현실에서 그림자를 통해 상상 속 이야기를 그려낸다. 마치 하나의 연극을 본 기분이 들었다. 그리고 옛 추억이 생각났다.

어릴 적 부모님이 퇴근하시기 전 나는 동생과 뭔가를 열심히 만들곤 했다. 박스로 급조한 아주 조그마한 극장무대이었다. 우리는 거기에 그림도 그려 넣고, 등장인물도 만들었다. 그리고 엄마, 아빠가 퇴근하시면 두 분을 모셔와 불을 끄고 막을 올렸다. 온갖 기법을 동원하며 나름 열심히 그림자 연극을 보여 드렸다. 전등과의 거리에 따라 그림자의 크기를 조절하며 조그만 손을 열심히 움직였던 기억이 있다.

우리가 했던 공연은 너무 오래 되어 지금은 그 내용이 잘 기억나지 않는다. 하지만 감동적인 이야기가 아니었나 싶다. 막이 내리면 엄마는 눈물을 훔치시거나 두 분이 환호를 지르며 박수를 쳐주셨기 때문이다. 그리고 연극이 끝나면 우리는 수명을 다한 박스를 분리수거해 버렸다.. 이렇게 몇 번 새로운 연극이 올려지고, 우리는 서로 맡은 대로 연출을 하고 출연자가 되었다. 그때 기억이 지금은 추억으로 남아 마음을 훈훈하게 데워준다.

하루는 친구네 집에 향해 가고 있을 때였다. 그때 나는 동그란 솜뭉치가 달린 귀도리 모자와 숏 패딩, 검은색 바지를 입고 있었다. 그런데 걷다가 문득 나의 그림자를 보게 되었다. 그림자는 약간 미완성된 뚱이를 닮아 있었다. 그 모습에 슬그머니 나는 두 팔을 올려보았다. 그러자 완벽한 뚱이가 되었다. 갑자기 스폰지 밥 세상 안으로 들어간 것 같은 느낌이 들었다. 약간 민망하다는 생각도 들었지만, 그래도 닮은 건 어쩔 수 없었다. 나는 내 모습을 인정하고 신호등 밑을 걸어갔다. 그때 나의 걸음은 가볍고도 장난스러웠다.

나는 이 책을 보면서 그냥 기분이 좋았다. 어릴 때 했던 재미있는 그림자놀이도 생각났다. 한편으로는 그림자 놀이를 하고 싶어졌다. 읽는 내내 따뜻하고, 행복했던 어릴 적 기억들이 힘들고 지친 나에게 힘을 주고 있는 것은 아닐까 하는 생각이 들었다.

5. 다르지만 괜찮아

느낌표

글: 에이미 크루즈 로젠탈, 그림: 이수지, 옮긴이: 용희진, 출판사: 천 개의 바람, 2021

느낌표는 언제나 눈에 띄는 아이였습니다. 이곳에서도, 저곳에서도 마침표 친구들과 함께라면 가장 눈에 띄었지요. 하지만 느낌표는 친구들과 비슷하게 보이고 싶습니다. 자기만의 특별함을 찾는 과정을 문장 부호의 이야기로 풀어낸 그림책.

과거에 나는 또래에 비해 어깨도 넓고 체격도 큰 아이였다. 그만큼 힘도 장사였다. 그래서 친구들이 지어준 별명도 돼지, 타노스, 헐크 등 덩치 크고 힘 센 것들이었다. 하지만 내가 이 별명들을 받아들이기까지는 오랜 시간이 걸렸다. 그것들이 콤플렉스로 느껴졌기 때문이다.

'내 몸뚱이는 왜 이 모양일까?'

이렇게 생각하는 순간, 가장 도움이 되어 준 것은 바로 태권도와 엄마였다. 내가 덩치도 크고 힘도 세니 이런 장점들을 잘 키운다면 스스로 자신감을 얻을 수 있을 것 같았다. 그렇게 해서 배우게 된 게 태권도였다. 탁월한 선택이었다. 태권도장 안에서 나는 한마디로 인싸가 되었다. 심지어 하교 도중에 팔씨름 제안을 받은 적도 있다.

"네가 그렇게 힘이 세다며? 나랑 팔씨름 좀 해보자!"

"콜!"

결과는 나의 승리였다. 남들이 보기에는 별로 특별해 보이지 않을지 모르지만, 그날의 겨루기는 두고두고 나를 기쁘게 했다. 그리고 나중에는 내가 먼저 주변에 이 얘기를 하고 다녔다.

"나 몸빵 잘해."

"정말?"

"그럼. 난 덩치가 커서 힘이 엄청 세."

그 후 있었던 팔씨름에서도 나는 모두 승리를 거두었다.

성장을 하면서 나는 남들과는 다른 방식이나 생각으로 접근할 때가 많았다. 그렇다 보니 스스로가 혼란스러울 때도 있었다. 하지만 엄마는 나에게 이런 말로 용기를 북돋아 주었다.

"넌 특이한 아이야, 진짜, 정말로!"

지금 엄마 핸드폰에 나는 '사차원 혜윰이'로 저장되어 있다. 물론 내가 요청한 거다. 이제는 남들과 다르게 생각하고, 행동하는 나를 스스로 인정하고 받아들이는 편이다. 남들과 조금 다를 뿐, 잘못하고 있는 것은 아니지 않는가?

나는 문득문득 '평범하고 비슷하다는 것이 좋은 건가?' 하는 의문을 가지곤 한다. 이 책에서 느낌표도 나처럼 마침표, 물음표와는 다른 자신만의 매력을 느끼지 않았을까? 나는 당찬 느낌의 내가 좋다. 이 세상 모든 사람들은 각자의 개성이 있고, 매력이 있는 거지. 다 다른 거지.

6. 고함 뒤에 오는 자성

고함쟁이 엄마
글: 유타 바우어, 그림: 유타 바우어, 옮긴이: 이현정, 출판사: 비룡소, 2016

간결한 글과 그에 어울리는 깔끔한 그림으로 구성된 이 책은 자기 기분대로 아이들을 향해 소리 지르려던 모든 어른들에게 울림이 큰 메시지를 전한다. 아이

> 의 마음을 아프게 하는 엄마의 말 한마디, 생각 없이 던진 어른의 말 한마디가 종종 아이에게 얼마나 큰 파장을 불러일으키는지 알려준다.

이 책을 보면서 나와 엄마를 보는 것 같은 착각을 했다. 하지만 정작 상황은 우리와는 반대였다. 이 책 속에서는 엄마 펭귄이 아기 펭귄을 보고 고함을 친다. 하지만 우리 엄마는 결코 고함쟁이 엄마가 아니다. 단지 내가 고함쟁이 딸일 뿐.

우리 모녀는 항상 사소한 것으로 싸웠다. 내게 관심이 없다는둥, 빨리 대답을 안 했다는 둥, 나를 봐주지 않았다는 둥. 그렇다. 나는 엄마를 향한 관심종자였다. 나는 항상 엄마가 나를 바라봐 주기만 바라는 철부지 아이였다.

어느 조용하고 평화로운 날 나는 엄마를 향해 소리쳤다.

"엄마~아~ 아!"

답이 없었다. 나는 다시 한 번 소리 높여 엄마를 불렀다.

"엄마!!!!!!!!!!!"

두 번이나 불렀는데 답이 없었다. 나는 더 이상 엄마를 용서할 수 없었다. 이내 엄마 옆으로 달려가 소리쳤다.

"엄마! 왜 대답을 안 해?"

"엄마, 일하느라 못 들었어."

"하!"

나는 발끝부터 머리끝까지 화가 치밀어 올랐다.

"엄마, 싫어! 더 이상 엄마 안 볼 거야!"

나는 문을 꽝 닫으며 방으로 들어가 버렸다. 속으로 너무나 짜증이 났다. 솔직히 말하면 별거 아닌 말을 하려 했는데 이렇게까지 해야 하나 싶으면서도 그냥 대답 안 한 엄마가 너무 별로였다. 그래도 너무 세게 나간 것 같아 계속 신경이 쓰였다.

그렇게 한참이 지나 나는 화장실을 핑계로 엄마에게 다가갔다.

"엄마, 아까는 미안해."

"괜찮아, 혜윰아. 엄마가 못 들어서 빨리 대답 못해 미안해."

우리의 고성 난투극은 이렇게 아무 일 없는 듯 마무리되었다. 나 스스로도 정말 어이가 없었다. 뒤늦은 후회를 해봐도 별로 기분이 좋지 않았다. 보통 대화를 하다가 고함을 치는 것은 다반사가 나였다.

이 책에서는 엄마가 소리를 치고, 아이가 상처를 받는다. 하지만 엄마라고 상처받지 말라는 법이 있을까? 어쩌면 엄마는 기분을 삭이면서 속으로 아프진 않았을까? 그러고 보니 내가 쏟아부은 말이 화살이 되어 돌아와 나의 기분도 별로였던 거 같다. 앞으로는 말 한마디에 조금 더 신중함을 길러야겠다는 반성을 해본다.

7. 유기견은 왜 생길까?

어느 개 이야기
글: 가브리엘 뱅상, 그림: 가브리엘 뱅상, 출판사: 별천지, 2009
《그 어느 날, 한 마리 개는》의 재출간 그림책. '도시인'이 어느 날 '다 커버린 개'

> 를 이제는 귀엽지 않다고 여겨 시골에다가 슬쩍 버리고 달아난 뒤, '어느 개'가 떠돌이가 되어 '어느 길'을 스스로 가는 삶을 투박하게 들려준다.

　나는 유기견에 관심이 많다. 이 책 표지를 보면 거리를 방황하는 개의 뒷모습에서 쓸쓸함이 느껴졌다. 이 개는 얼마나 괴로울까. 감히 상상조차 되지 않는 버려지는 고통을 감당하기엔 너무나 작은 몸이어서 더욱 애처롭게 느껴졌다.

　이 책에서 어느 날 갑자기 버려진 개는 영문도 모른 채 주인을 향해 뛰기 시작한다. 하지만 매정하게도 주인이 탄 자동차는 멀리 떠나간다. 개는 버림받을 때 자신이 무슨 잘못을 했는지 생각하며 하염없이 주인을 기다린다고 한다. 주인의 잘못임에도 불구하고, 개는 자신의 잘못으로 생각하는 것이다. 이처럼 개도 감정을 가지고 있고, 느끼는 것이다.

　평소에는 발랄하게 꼬리를 흔들며 나에게 해맑게 웃는 나의 강아지. 하루는 내가 갑자기 폭발하면서 소리를 지르고, 펑펑 울자 어느새 조용히 내 곁에 와 있었다. 그리고 나를 가만히 올려다보았다. 그 모습에 나는 너무 큰 위로를 받았다. 그 후 나는 최대한 마음을 다스리려 애쓰고 있다. 우리 강아지가 상처받지 않고, 힘들어 하지 않도록.

　이 책 주인공인 개는 자기를 버린 주인을 찾아 짖어도 보고 마킹도 해보고 끝없는 길을 걸어도 본다. 개의 주인은 도대체 왜 그런 선택을 했을까? 어떤 이유건 화가 난다. 그러다가 도로에 뛰어드는 바람에 개는 차 사고를 유발한다. 이 책 앞표지에는 자신 때문에 일어난 사고 현장을 돌아보는 개의 모습이 그려져 있다. 차마 가늠이 되지 않지만, 개는 아마도 엄청난 죄책감을 홀로 견디고 있지 않을까? 안타깝다.

개 때문에 사고를 당한 사람들의 심정은 또 어떨까. 한 생명을 버림으로써 또 다른 아픔을 낳게 된 것은 아닐까. 버려진 개와 그로 인해 사고를 당한 사람, 유가족 모두 고통스럽고 삶이 막막할 것 같다. 이러한 비극이 더 이상은 생기지 않아야 할 것이다.

그렇게 얼마나 뛰었을까. 개는 지친 몸을 이끌고 시내로 들어온다. 멀리 한 아이가 보인다. 아이는 개에게 다가간다. 개는 아이를 보고 좋아하며 반긴다. 사람에게 버려졌음에도 불구하고, 사람을 좋아하는 것이 슬프다.

문득 지금 나도 이런 상황은 아닐까 하는 생각이 든다. 어릴 적 겪은 일 때문에 사람들을 두려워하고 무서워하게 되었지만, 나는 여전히 사람들을 좋아한다. 무엇으로든 사람들을 도와주고 싶고, 그들이 행복했으면 좋겠고, 그렇게 만들기 위해 노력하고 싶다.

나는 우리 사회에서 강아지를 데려오는 과정부터 잘못됐다고 생각한다. 사람들은 보통 강아지를 보고 "귀엽다. 얘 데리고 가자"라며 쉽게 분양을 받는다. 하지만 귀엽다고 데려오면 나중에는 자신의 생각과 맞지 않아 강아지를 버리는 일이 생기기 쉽다. 그렇게 해서 강아지들은 유기견이 된다. 그뿐만이 아니다. 열악한 강아지 공장에서 갇혀 살아가는 개들이 너무 많다. 분양을 하거나 판매할 강아지를 생산하기 위해 동물 학대를 일삼는 것은 다반사다. '동물 농장'이나 뉴스에서도 이에 대해 끊임없이 방송하고 있지만, 근절되지 않고 있다. 어쩌면 우리는 강아지를 하나의 장식품처럼 여기고 있는지도 모르겠다.

  하지만 개도 생명이다. 그들도 감정을 느낀다. 동물이라고 해서 함부로 대하면 안 된다. 이제는 선진국 반열에 든 만큼 동물에 대한 인식도 달라질 필요가 있다. 동물 입양을 신중하게 고민하고, 결정해야 한다. 나는 분양보다는 입양을 권하고 싶다. 그리고 입양이나 분양을 받은 후에는 동물도 생명이 있는 가족이라는 사실을 잊지 말아야 할 것이다.

아홉 번째 이야기

그림책에게 말을 건네다

임지영

어린이집 교사로 13년째 근무하고 있다. 하브루타에 관심이 많아 1급 자격증을 취득했다. 그림책을 읽으면서 글쓰기를 시작했고, 변화하는 삶을 보면서 그림책 공부를 시작했다. 그림책을 통한 동기 부여, 마인드 리셋, 치유를 경험하며 다 같이 성장하기를 기대한다.

말의 형태

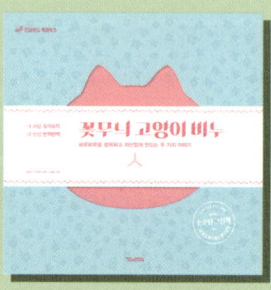
꽃무늬고양이비누

핑!

파도는 나에게

나는 강물처럼 말해요

소피가 화나면
정말정말화나면

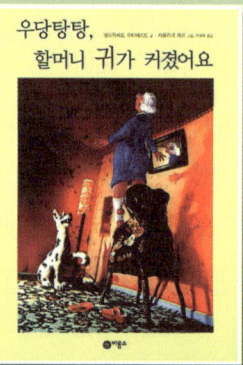
우당탕탕
할머니 귀가 커졌어요

1. 나의 말의 형태는 무엇일까?

> **말의 형태**
> 글: 오나리 유코, 그림: 오나리 유코, 출판사: 봄봄출판사, 2020
> 만약 말이 눈에 보인다면, 우리가 하는 말은 달라질지도 모른다. 말이 보이지 않아서 좋은 점은 무엇일까. 아니면 말이 눈에 보여서 기쁜 점은 무엇일까. 우리가 지금 눈앞의 상대방에게 하고 있는 말은 어떤 모양을 하고, 어떤 색을 띠고 있을까. 매 순간 사라져 가는 이야기 너머에 있는 마음의 형태를 찾는 아름다운 책이다.

사람은 말을 하지 않고 살아갈 수가 없다. 인간의 대표적인 특징 중 하나가 말할 수 있다는 것이다. 그러나 말할 때는 예의가 필요하다. 이 책은 '말이 눈에 보인다면 어떤 형태일까?'라는 상상에서 출발한다. 나는 이 책을 읽으면서 내 말은 어떤 형태이고, 어떤 색을 띠고 있는지 궁금해졌다.

이 책을 읽다가 순간 멈춘 곳이 있었다. '상처 주는 말이 못처럼 생겼다면'이다.

나는 말에 신중한 편이다. "말이 씨가 된다"는 말을 믿는다. 그래서 평소에 상처가 되는 말이나 나쁜 말은 하지 않으려고 애썼다.

기분이 나빠도 화가 나도 나쁜 말을 쓰지 않고 삭혔다. 그래서일까? 나는 표현에 서투른 사람이 되었다.

그 와중에도 말의 중요성을 알기에 평소에 좋은 말만 쓰려고 속으로도 욕을 하거나 나쁜 말을 쓰지 않으려고 노력했다. 그런 나에게 아이와 매일 반복되는 전쟁은 너무나도 힘든 일이었다. 아이가 폭발할 때면 퍼붓는 모진 말들이 주는 상처로 인해 너무 힘들었다. 마음이 아프고 정신적으로 고통 받는 딸과의 전쟁. 수많은 말들이 오갔지만, 모두 상처가 되는 말들뿐이었다.

그림에서 못으로 상처받은 아이의 모습이 나를 연상시켰다. 말로 상처받는 것이 보인다면 딸은 그렇게 심한 말을 했을까? 그러다가 내가 하는 말의 색과 형태는 어떨까 생각하게 되었다. 내 말이 꽃같지는 않았겠지만, 그래도 나쁜 모습은 아닐 거라고 생각했다.

딸에게 책을 건네며 같이 읽어보자고 했다. 아이가 자신의 말은 못이고, 엄마의 말은 돌이라고 했다. 내가 하는 말이 돌이라니. 난 모진 말을 하지 않았던 것 같은데.

"엄마, 내가 뾰족하게 말하면 엄마는 뭉툭한 돌로 사정없이 두들겨서 나한테 다시 보내."

충격이었다. 딸아이와 부딪칠 때 사근사근 말하지는 않았더라도 돌처럼 사정없이 말한 적은 없다고 생각했다. 그러나 그것은 나의 관점에서만 바라본 착각이음었을 알게 되었다. 좀 더 딸의 말에 귀 기울여야겠다는 생각을 하게 되었다.

얼마의 시간이 흐른 뒤 다시 물었다. 요즘도 엄마의 말이 상처가 되느냐고.

"응. 이젠 엄마 말이 돌같이 생각될 때도 있지만, 물처럼 자연스러울 때도 있어."

그때그때 다르다며 이야기하는 딸. 그 대답에 내 말의 형태는 물이고 회색이 아닐까 하는 생각을 하게 되었다. 그리고 다른 사람의 눈으로 나를 되돌아보게 되었다. 비록 꽃은 아니지만, 내가 말을 할 때마다 주변에 좋은 향기를 풍겼으면 좋겠다.

2. 나를 먼저 인정하자

꽃무늬 고양이 비누

글: 소호랑, 그림: 소호랑, 출판사: 킨더랜드, 2021

언제나 사랑받고, 사랑받기를 원했던 꽃무늬 고양이 비누. 고양이 비누는 뾰족한 귀가 동그래져 꽃무늬가 사라지고 조각 비누가 되어도 누군가에게 도움이 되는 존재라는 생각으로 기쁘게 살아간다. 어느 날 버려진 비누는 자신감을 잃지만 조각 비누를 만나 용기를 낸다.

그림이 너무 예뻐 보게 된 《꽃무늬 고양이 비누》. 요즘은 거품 비누를 많이 써서 고체 비누를 사용한 지 꽤 오래되었다. 고체 비누를 새로운 관점으로 보니 이 책 또한 우리 마음을 어루만지는 그림책이 될 수 있다는 생각이 들었다. 작가의 무한한 상상력에 큰 박수를 보낸다.

　이 책에서 꽃무늬 비누는 사랑받다가 귀가 작아져 곰 비누가 되고, 마침내는 향기만 남은 조각이 되어 버려진다. 그 버려진 감정을 이 책에서는 "난생 처음 소리 내어 울었다"라고 표현했다. 그렇다. 무엇이든 처음 받는 아픔은 가슴속에 큰 상처로 남는다. 그러나 버려졌다고 생각했던 꽃무늬 고양이 비누는 다른 조각 비누들과 함께 다시 멋진 비누로 태어나 향기를 내게 된다.

　사람은 누구나 다른 사람의 사랑을 받고 싶어 한다. 그 사랑 속에는 인정받고 싶은 욕구가 숨어 있다. 심리학자인 매슬로우는 인정을 인간이 가진 욕구 중 세 번째로 꼽았다. 그래서일까? 우리는 다른 이의 인정과 관심을 받고 싶어 한다. 이것은 아이들에게서 더욱 두드러진다. 심지어 아이들은 인정이나 관심을 받고 싶어 그릇된 행동을 하는 경우도 있다. 공부를 열심히나 잘하는 것도 부모님께 인정받기 위해서인 경우가 대체로 많다.

　초등학교 4학년 때 일이다. 수업 시간에 붓글씨 수업을 한 적이 있다. 난생처음 붓을 들고 ㄱ자를 썼는데 너무 잘 쓴 것 같았다. 내성적이었던 나는 선생님께 물었다. 정말 똑같이 쓰지 않았냐고. 그러나 돌아온 답은 "잘 썼다"가 아닌 "더 고쳐야 한다"였다. 그 후 나는 붓글씨를 쓰지 않았다. 붓글씨를 썼을 때 잘했다는 말을 듣고 싶었고, 인정받고 싶었다. 당시 나는 내성적이라 다른 사람에게 잘 물어보지도 않고 조용히 생각만 하는 성격이었다. 그때는 정말 용기를 내 물었는데, 인정받지 못한 후로는 서예를 하지 않았다.

그때 그 말이 왜 그리도 서운했는지. 지금 같으면 훅 털어내고 다시 썼을 텐데. 그 후 나는 인정을 받으려고 애쓰지 않았던 것 같다. 실망하기 싫어서 굳이 물어보지도 않았다. 그냥 혼자 생각하고 결론을 내렸다. 사람은 뭔가 했을 때 이루지는 못하더라도 인정을 받고 싶어 한다. 그것이 나쁜 것은 아니지만, 때로는 자신을 힘들게 한다.

우리는 그동안 다른 사람에게 인정받기 위해 많은 노력을 해왔다. 인정받기 위해 속마음을 숨기고 스스로를 속이기도 했다. 하지만 우리는 그보다 먼저 스스로를 인정해야 한다. 그러면 자연스레 자존감이 높아지고, 자신감으로 연결된다. 이것이야말로 세상을 살아갈 때 나를 일으켜 세워 도전하는 원천이 된다. 어디 그뿐인가. 나를 인정해야 남도 인정할 수 있다. 우리는 지금 자신이 아닌 다른 사람의 인정을 갈구하고 있지는 않는지 돌아볼 일이다.

3. 받고 싶다면 먼저 보내라

핑!
글: 아니 카스티요, 그림: 아니 카스티요, 옮긴이: 박소연, 출판사: 달리, 2020
아이에게 자신의 마음을 전하는 일, 즉 사랑하는 법과 살아가는 법에 대해 재치 있는 그림과 이야기를 통해 쉽고 명료하게 알려준다. 아이가 자유롭게, 용감하게, 현명하게 자기를 표현하고, 사람과 세상과 다양한 관계를 맺는 것의 기쁨을 느끼도록 용기를 준다.

대화를 흔히 '핑퐁 게임'이라 표현한다. 대화가 오가며 원만하게 소통할 때를 탁구에 빗댄 말이다. 이 책은 이러한 사람 간의 소통과 관계를 다루고 있다. 이 책에서는 내가 '핑' 하면 상대방이 '퐁' 한다고 말한다. 또한 내가 보낸 핑이 환한 웃음이어도 퐁은 다를 수 있다고도 말한다.

나는 주변 사람에게 얼마나 많은 핑을 보냈을까? 사실 나는 내성적이고 다른 사람과 섞이는 것을 별로 좋아하지 않아서 주변 사람들에게 많은 핑을 보내지는 못했다. 학생 때나 사회에 나와서도 마찬가지였다. 그렇다 보니 핑퐁에 대한 필요성을 그다지 절실히 느끼지 못했다.

그런데 어느 순간 핑퐁이 힘들다고 느껴지고, 그 필요성을 깨닫게 되었다. 바로 아이들 때문이었다. 어느 부모든 아이들이 건강하게 자라서 사회에 나가 잘 살아가기를 바랄 것이다. 나 역시 여느 부모들과 마찬가지였다. 그러다 보니 아이들이 자라면서 사람들과의 관계를 힘들어하거나 나와의 소통에서 어긋날 때면 나를 돌아보게 되었다. 아이들의 사회성을 길러주려면 내가 먼저 나서야 했다.

사실 사람이 살면서 가장 힘든 것 중 하나가 인간관계가 아닐까 싶다. 관계가 원만하지 못하면 감정 소모도 많아지고, 또 관계가 틀어지면 상처를 받거나 오랫동안 트라우마에서 벗어나지 못할 수도 있다. 그럼에도 불구하고 태어나 죽을 때까지 관계 속에서 살아가야 하는 것이 인간의 숙명이다. 복잡다단한 인간사에서 각기 다른 개인들을 만나는 것이 어디 쉽겠는가. 게다가 복잡한 사람의 심리까지 더해지면 정말 골치가 아프지 않을 수 없다. 그래도 사회생활을 하려면, 건강한 성장을 이루려면 이를 받아들이고, 능동적으로 관계 구축에 나서야 한다.

사람은 수많은 관계 속에서 많은 감정을 느끼며 살아간다. 내가 하는 관계들이 아이들에게 영향을 미치고, 아이들 또한 관계를 형성하며 성장한다. 최근 나는 소심함에서 벗어나 많은 풍을 받기 위해 많은 이들에게 핑을 보내고 있다. 이렇게 함으로써 아이들과 함께 성장하며 나아갈 수 있으리라 확신하기 때문이다.

4. 여행 또는 삶의 쉼표

> **파도는 나에게**
> 글: 허수정, 그림: 허수정, 출판사: 웅진주니어, 2019
> 떠나고 마주하고 발견하고 돌아보는 어떤 하루를, 밀려왔다 사라지는 파도 한 겹 한 겹에 담아낸 위로의 그림책. 이 책은 드넓게 펼쳐진 바다와 하얗게 부서지는 파도를 풍경 삼아 끝내 마주하는 고요한 시간을 선물한다. 한순간 부서져 사라질 파도를 묵묵히 밀어 올리는 바다 앞에서 독자들은 저마다 무언가를 떠올리게 될 것이다. 삶의 쉼표가 누구에게나 필요함을 전하고 있다.

"너 왔구나."

나를 반기는 바다가 나에게도 있었다.

어느 날 피아노 레슨을 받던 중 선생님께 몹시 꾸중을 들었다. 나름 열심히 한다고 했지만 재능이 없어서인지 실력이 잘 늘지 않았다. 레슨이 끝나고 집으로 돌아가기가 싫어서 춘천행 기차에 몸을 실었다. 언젠가부터 아침고요수목원을 너무 가보고 싶었다. 그러다가 울적한 마음을 핑계 삼아 춘천행 기차를 탔다.

춘천의 아침고요수목원에는 예쁜 꽃들과 나무들이 생각했던 것보다 많았다. 수목원을 돌면서 마음을 가라앉히고 난 후, 나무와 꽃과 눈을 맞췄다.

"보고 싶었어."

"내가 왔어."

나는 수목원을 천천히 둘러보았다. 한참을 걷다가 멈춰서 호숫가 바위 위에 앉았다. 그리고 바람의 향기를 맡으며 1시간을 훌쩍 넘게 앉아 있었다. 수목원의 꽃과 나무를 바라보며 사색에 잠겨 있는 시간이 너무나도 좋았다. 잔잔한 풍경에 혼란스런 마음도 어느 정도 정리되는 듯했다. 그리고는 어두워져서야 서울행 기차를 타고 집으로 돌아왔다.

그때처럼 훌쩍 떠날 수 있는데, 요즘은 뭐가 바빠서 떠나지 못하는 것일까? 집과 직장을 오가며 쳇바퀴 돌듯 살고 있는 나 자신을 돌아보았다. 잠깐 바람 쐬러 야외에 다녀올 여유조차 없이 사는 나를 볼 수 있었다. 집안일과 직장 그리고 아이들, 나는 스스로 만든 감옥 안에서 숨을 헐떡거리며 살고 있었다.

이 책을 읽으며 눈가에 눈물이 맺혔다. 책을 덮고 나니 문득 바다에 가고 싶어졌다. 파도가 치는 그림책을 한참동안 다시 바라보았다. 그 속에는 아이들과 함께 갔던 바다가 있었다. 혼자 떠났던 여행에서 보았던 바다도 있었다. '이제는 나 혼자만의 시간이 필요하구나!' 하는 생각이 절로 들었다.

그래, 파도가 반갑게 맞이하는 그곳으로 가자. 그곳에 가서 나의 이야기를 들려주고 파도의 이야기를 듣고 오자. 이 책은 나에게 파도가 넘실대는 바다로 가자고 조르고 있었다.

5. 나의 삶도 강물처럼 흐른다

나는 강물처럼 말해요
글: 조던 스콧, 그림: 시드니 스미스, 옮긴이: 김지은, 출판사: 책 읽는 곰, 2021
굽이치고 부딪치고 부서져도 쉼 없이 흐르는 강물처럼 아픔을 딛고 자라는 아이의 눈부신 성장 이야기. 캐나다를 대표하는 시인 조던 스콧의 자전적 이야기에 케이트 그리너웨이상 수상 작가 시드니 스미스가 그림을 그렸다. 이 책은 말을 더듬는 아이가 굽이치고 쉼 없이 흐르는 강물과 마주하며 내면의 아픔을 치유하고, 남과 다른 자신을 긍정하는 과정을 섬세하게 그려냈다.

이 책 주인공인 말을 더듬는 아이는 매일 아침 너무나 힘들었다. 아이는 학교에서 발표하는 시간이 너무나 고통스러웠다. 어느 날

발표를 하지 못하고 집으로 돌아가는 길에 아버지는 아이를 강가로 데리고 가 이렇게 말한다.

"너도 강물처럼 말한단다."

아이는 물거품이 일고 소용돌이치고 굽이치며 부딪히는 강물을 바라보다가 그 속으로 들어간다. 그리고는 '나는 강물처럼 말한다'고 생각한다.

아이 아버지는 아이의 마음을 감싸주고 읽어준 존재였다. 그는 아이에게 의지가 되어 주고, 아이를 있는 그대로 인정해 준다. 그리고 잔잔할 때도 있고 급할 때도 있는 물살처럼 인생도 그럴 수 있음을 알려준다. 그렇게 아빠와 아이는 소통한다.

책을 읽으면서 지난날 내 모습이 떠올랐다. 지금 나는 아이를 있는 그대로 인정하며, 의지가 되어 주고 있는지 물었다. 아이와 제대로 소통하고 있는지, 어떤 말들을 하며 응원하고 있는지 생각해 보았다.

내 아이도 학교에서 발표하는 것을 너무나 힘들어 했다. 말더듬이가 아닌데도 하루 종일 긴장 속에서 살았다. 발표에 대한 긴장감 때문에 학교를 가기 싫다고 여러 번 말하기도 했다.

그때 나는 뭐라고 했던가? 모두들 긴장감을 가지고 있다고, 다들 똑같다고 했다. 아이의 감정을 제대로 인정해주지 못하고 흘리듯 그렇게 이야기했다. 먼저 아이의 마음을 읽고 공감해주어야 했는데, 그때는 그러지 못했다. 그렇게 시간이 흘러갔다.

처음 아이가 나에게 신호를 보냈을 때, 나는 알아차리지 못했다.

남들이 다 겪는 사춘기인 줄 알았다. 시간이 좀 지나면서 아이 상태가 점점 심각해졌다. 그제야 알게 되었다. 아이의 증세가 다른 아이들이 겪는 사춘기 현상이 아니라는 것을.

불안감이 쌓여 두렵고 떨리고 매 순간이 그렇게 힘들다는 것을 나는 뒤늦게야 알게 되었다. 그것을 인정하는 데 4달이나 걸렸다. 왜 그리 오래 걸렸을까? 나는 남들이 생각하는 것처럼 사춘기니까, 코로나니까 하며 넘겨버린 것이었다. 고정관념으로 아이를 대했던 것이다.

처음 아이가 신호를 보냈을 때 알았더라면 좋았을 텐데, 좀 더 빨리 아이의 마음을 알아주었더라면 좋았을 텐데 하는 자책이 밀려왔다. 한때는 너무 힘들어 나를 놓아버리고 싶은 순간도 있었다. 하지만 아이를 놓지 않기 위해 부단히 애쓰고 노력했다. 여전히 현재 진행형이지만 나는 아이가 원하는 것을 찾기 위해 노력하고 있다. 호기심이 많고, 하고 싶은 것도 많은 아이라 더 많은 대화가 필요하리라.

이 책을 아이와 함께 읽었다. 책에 대한 이야기를 나누면서 기억에 남는 장면을 물어보았다. 굽이치는 강을 바라보며 아버지와 아들이 어깨동무를 하며 강을 가리키는 장면이 제일 좋았다고 했다. 그 모습에서 따뜻함이 느껴졌다고 했다. 아이는 의지되는 사람이 필요하다고 말하는 것 같았다.

나는 아이가 강물로 들어가는 장면이 좋다고 말했다. 그것은 아이가 인생의 여러 굴곡 속에서 성장하기를, 나아지기를 바랐기 때문이다. 이 책을 읽는 내내 부딪치고 부서져도 쉼 없이 흐르는 강물처럼 아이가 스스로 독립할 때까지 의지가 되고, 지지해 줄 수 있는 엄마로서의 자화상을 그려볼 수 있었다.

6. 나의 화는 어디로 갈까?

> **소피가 화나면 정말 정말 화나면**
> 글: 올리 뱅, 그림: 올리 뱅, 옮긴이: 박수연, 출판사: 책 읽는 곰, 2013
> 강렬한 선과 색으로 아이들의 화를 생생하게 표현하고 있다. 그림은 소피의 감정을 있는 대로 그려내면서 요동친다. 그런데 이 그림에 마음을 맡긴 채 책장을 넘기다 보면, 책을 덮을 즈음엔 소피처럼 화가 났던 마음도 가라앉게 된다.

　소피가 화가 나서 발을 쾅쾅 굴렀다. 그러다가 악 소리를 질렀다. 뭐든 닥치는 대로 부숴버렸다. 시뻘건 불을 뿜으며 소리쳤다. 소피 뒤로 소피보다 큰 빨간 그림자를 보니 정말 화가 많이 난 모양이었다. 이것이 이 책에서 소피가 화를 내는 방법이다.

　화는 기쁨, 슬픔처럼 인간이 지닌 기본 감정 중 하나다. 일반적으로 화를 표현하는 것을 나쁘다고 생각할 때가 많다. 화도 당연히 하나의 감정인데 말이다. 아이들은 화를 낼 때가 많다. 그때마다 우리는 중재하면서 화내지 말고 말로 하라고 타이른다. 과연 무조건 화를 내지 말라는 것이 옳은 것일까?

화도 표현 감정 중 하나다. 화를 표현해야 상대방이 나의 감정을 읽고, 지금의 마음 상태를 알게 된다. 화를 표현하지 않으면 상대방에게서 더 큰 상처를 받을 수도 있다. 그렇다면 우리는 화를 어떻게 표현해야 할까?

문득 내가 화내는 모습을 생각해보았다. 나는 화가 날 때 어떻게 하고 있을까? 소피처럼 발을 쾅쾅 구르며 소리지를까? 뭔가 부숴버리고 그럴까? 아니다. 나는 참는다. 웬만하면 참고 넘어간다. 화를 잘 안 낸다. 내가 참으면 일이 더 이상 커지지 않고 넘어갔기 때문이다. 화라는 감정을 표현하지 않고, 내 안의 나를 감춘 채 다른 사람의 비위를 맞춘 것이다.

이렇게 하다 보니 점점 더 화를 안 내고 참게 되었다. 참는 일이 많아지다 보니 답답함을 자주 느끼고, 한숨도 많이 쉬게 되었다. 소위 우리나라에만 있다는 홧병 증세를 보인 것이다. 책을 읽는 내내 화가 난 순간을 표현하고, 그것을 잘 다스리는 소피의 모습이 부러웠다. 그리고 나 자신을 들여다보았다. 나는 화났을 때 어떻게 풀었을까?

화가 나면 소피는 달렸다. 밖에서 달리고, 울기도 하고, 바위, 나무, 새소리를 들었다. 나무 위로 올라가 바람을 느끼며 물결을 바라보았다. 그렇게 시간을 보내다가 기분이 나아지면 가족이 기다리는 집으로 돌아갔다.

나는 화가 나면 혼자만의 시간을 갖는다. 화를 푸는 것이 아니라 삭힌다. 다른 사람들 눈에 보이지 않게 화가 난 감정을 꾹꾹 누르는 것이다. 그래서일까? 스트레스가 쌓여도 그것을 어떻게 풀어야 할지 잘 모른다. 그저 혼자 있고 싶다는 생각만 할 뿐이다.

소피를 보며 '더 이상 참지 말고, 나의 감정에 솔직해지자!'는 생각이 들었다. 좋은 감정이든 나쁜 감정이든 표현하자는 다짐도 했다. 그렇다. 소피처럼 불같이 화내지는 않더라도 내가 화난 상태임을 상대방에게 말하고, 나의 감정을 표현해야겠다. 세상에 좋은 감정과 나쁜 감정이 있을까? 희노애락의 감정은 사는 데 모두 필요하다. 단지 표현의 문제일 뿐. 내 안의 감정을 들여다보고, 인지하여 제대로 표현할 수 있도록 마음을 다스려야겠다.

다른 사람들은 화가 날 때 어떻게 할까?

7. 타인의 시선에 신경 쓰는 우리들

> 우당탕탕 할머니 귀가 커졌어요
> 글: 엘리자베드 슈티메르트, 옮긴이: 유혜자, 출판사: 비룡소, 2019
> 위층 가족과 아래층 할머니를 주인공으로 벌어지는 이웃 간의 다툼과 화해를 재미있게 그렸다. 아래층 할머니가 타인을 배려할 줄 알게 되기까지의 과정을 통해 이웃의 의미를 알게 된다.

우리는 다른 사람을 얼마나 신경 쓰며 살고 있을까? 이 책은 어떤 관점에서 읽느냐에 따라 서로 다르게 이해할 수도 있다. 층간소음으로 인한 이웃과의 관계와 타인을 신경 쓰는 우리를 표현하고 있다.

 한 가족이 시골의 3층집으로 이사를 온다. 이사 온 날부터 아래층 할머니는 위층으로 올라와 시끄럽다고 소리친다. 그 뒤로도 계속 올라오는 할머니. 결국 가족은 점점 더 아래층 할머니의 눈치를 보며 조용히 살게 된다.

 "여기는 사람이 사는 집이지, 생쥐가 사는 집이 아냐!"

 엄마의 말에 아이들은 생쥐처럼 생활하게 된다. 아래층 할머니 때문에 활기찬 생활을 점점 잃어가는 가족.

 요즘 우리는 SNS를 통해 다른 사람의 삶을 들여다 볼 수가 있다. 사람들은 SNS에 주로 행복하고 밝은 모습을 올린다. 그것들을 보다 보면 나는 왜 저렇게 살지 못할까 하는 자괴감이 들 때도 있다.

 나는 내 모습을 다른 사람들에게 드러내는 것을 별로 좋아하지 않는다. 그런 내가 SNS를 시작했다. 나 역시 SNS에 좋은 모습만을 올리며 다른 사람들의 시선에 신경을 쓰고 있다. 타인의 시선으로부터 나 또한 자유롭지 못한 모양이다. '왜, 어쩌다가 내가 다른 사람들의 눈치를 보게 되었을까?' 하고 생각하다가 문득 자존감 부족 때문은 아닐까 하는 생각이 들었다.

 나는 어릴 적 넉넉지 못한 환경에서 자랐다. 그래서 학교 다닐 때 빨리 어른이 되기를 바랐다. 고등학교를 졸업하자마자 아르바이트를 하며 돈을 벌기 시작했다. 사회생활을 시작하면서 타인의 눈치를 보고, 내 주장보다는 타인의 주장에 순응하면서 생활했다.

그 후로도 나는 수동적인 삶을 이어갔다. 책 속 아이들이 아래층 할머니 때문에 생쥐처럼 생활하듯. 심지어 음식 고를 때도 눈치를 보며 타인에 의해 끌려가는 삶을 살았다. '왜 그랬을까?'를 생각해 보니 늘 돈이 부족한 것이 첫 번째 이유로 꼽혔다. 두 번째는 타인에게 해를 끼치면 안 된다는 강박 때문이었다.

이 그림책을 읽으며 나를 돌아보게 되었다. 그리고 마인드를 바꾸고 나니 타인의 눈치를 보는 것도 어느 정도 사라졌다. 내가 삶의 중심이 되어야 한다는 것을 이 책에서 깨달았기 때문이다. 이제는 내 삶의 주인으로 살기 위해 노력하고 있다.

열 번째 이야기

고맙습니다. 내 인생

장만옥

현재 'the행복여가문화아카데미대표'와 '100세통합놀이연구소장'으로 실버강사 육성과 강사를 파견하는 교육원을 운영하고 있다. 과거 창의교구수학교육과 노인융복합교육, 영재교육원에서 근무했다. 평생교육사, 사회복지사, 노인복지사, 노인스포츠지도사, 노후준비교육가로 강의 현장에 몸담고 있다. 2016 마인드맵디지털대상(대전광역시장), 노인교통교육강사대표상(대덕경찰서장)을 수상하였다. 저서로는 《나는 실버교육 강사다》(2020년, 공저), 《나는 열심 진심 fun강사다》(2023년 전자책), 《배움에 게으르지 않는다면 가르침이 권태롭지 않다》(공저)가 있다.

막두

오, 미자!

엄마의 의자

기분을 말해봐

날아라, 똥제기

가끔씩 나는

돼지책

1. 부산 가시내의 어린 시절

> **막두**
> 글: 정희선, 그림: 정희선, 출판사: 봄봄출판사, 2019
> 6·25전쟁 피란길에 가족과 헤어진 어린 막두가 세월이 흘러 어느덧 할머니가 되었다. 막두는 피난 때 헤어지면 영도다리에서 만나자는 부모와의 약속을 지키려고 부산에서 자리 잡고 산다. 강하고 억세고 거친 듯하지만, 따숩고 유쾌하고 사람 냄새 나는 자갈치 시장의 왕언니가 된 막두 할매의 이야기다.

이 책을 보는 순간, '힘들지만 포기하지 않고 당당히 살아온 세상의 모든 막두들이 행복하기를'이란 주문이 마음속에서 저절로 흘러나왔다. 부산 가시내인 내 어린 시절이 주마등처럼 스쳐가며 인생 그림책이라는 생각까지 들었다.

이 책 주인공 막두 할매는 열한 살 때 6·25전쟁이 나 피란길에 오르며 가족들과 헤어진다. 그리고 부산 영도다리에서 다시 만나기로 한 가족을 애타게 기다리며 꿋꿋하게 살아간다. 막두 할매, 그녀의 삶이 마치 우리 가족 이야기 같아서 많은 공감이 갔다.

영도다리가 보이는 제3부두 근처 동네에서 태어난 나는 부산의 비릿한 바다 냄새를 맡으며 자랐다. 자갈치 시장의 막두 할매 같은 아지매들 모두가 정겹게 느껴졌다. 엄마 손을 꼬옥 잡고 다니며 보았던 어릴 적 부산의 부산한 풍경이 아직도 눈에 선하다.

우리 부모님은 황해도 수완에서 남쪽으로 피난 온 피난민이시다. 피난 중 만삭인 어머니는 충남 계룡산에서 셋째 오빠를 낳으셨다. 피난길에 가족들이 뿔뿔이 헤어졌는데, 우여곡절 끝에 부산 영도다리 부근에서 극적으로 다시 만나셨다고 한다.

이북 사람들은 생활력과 의지력이 강하다. 아버지는 두껍고 단단한 긴 끈으로 다섯 살배기 나를 허리에 묶고 일을 하셨다. 전쟁의 기억 때문이었을까? 아니면 다시는 헤어지지 않겠다는 강한 생각 때문이었을까? 아버지는 뺑끼페인트로 간판에 이름을 쓰는 일을 하시는 내내 그 끈을 확인하고, 또 하셨다. 그 일로 아버지는 제비처럼 입을 벌리던 자식들을 먹이고, 공부시키셨다.

영화 '국제시장'을 보면 기차가 지나갈 때 피켓을 들고 수많은 인파 속에서 젊은 아들들을 찾아다니며 아우성치는 장면이 나온다. 그 기차는 젊은이들을 가득 태워 부두의 큰 배로 실어 날랐다. 문득, 월남 파병 용사들과 손을 흔들며 울고불고 했던 그때 그 시절 기억이 난다.

나는 칠남매 중 막내로 태어나 아버지의 사랑을 듬뿍 받으며 자랐다. 금이야 옥이야 하시던 아버지의 어깨 위에서 매일 목마를 타고 다녔다. 하지만 아버지는 늘 고향에 대한 향수에 젖어 살다가 돌아가셨다. 젊은 시절 겪은 뇌졸중으로 나와 아버지 사이에 추억은 그리 많지 않다. 나는 전쟁을 직접 겪지는 않았지만, 가족사 때문인지 전쟁을 겪은 아버지 세대의 기억이 또렷하다

영화 '국제시장'이 개봉되던 날, '이 영화는 내 얘기다'라는 생각에 한달음에 달려가 본 기억이 난다. 《막두》를 읽을 때도 그랬다. 이 책을 읽으며 내 아련한 인생의 한 페이지가 넘어가고 있음을 깨달았다.

2. 나는 장만옥입니다

> 오, 미자!
>
> **글: 박숲, 그림: 박숲, 출판사: 노란상상, 2020**
> 이 책에는 다섯 명의 '미자'가 등장한다. 이들은 우리가 주변에서 흔히 볼 수 있는 여성 노동자들이다. 건물 청소부, 스턴트우먼, 택배 기사, 전기 기사, 이사 도우미로 활동하는 다섯 '미자'들의 하루를 가만히 들여다보면 '오미자' 열매와 많이 닮아 있다. 이 책은 노동을 통해 스스로에 대한 존재와 생동감을 느끼는 이 세상의 모든 '미자'들을 위해 응원의 박수와 위로를 보낸다.

세상에서 제일 힘든 사람이라는 생각에 사는 게 버겁다고 생각할 때도 있었다. 그 후 다양한 방법으로 그런 생각을 잠재우며 좋은 에너지를 충전할 수 있었다. 그리고 30대와 40대에는 세상을 살아가는 방식을 적극적으로 터득하며 살았다.

지난 시간 다양한 경험들은 나를 오뚜기로 만들었다. 나는 30대 초반에 학습지 홈스쿨 강사로 입문해 아동교육에 젊은 청춘을 다 바쳤다. 버거운 삶이었지만, 그래도 현장에 있어서 행복했다. 물론 지금도 현직에 있다. 나는 강의와 강사 육성 및 파견을 하는 교육 현장에서 많은 보람을 느끼며 천직이라고 생각하고 있다.

과거에는 나한테만 유독 아프고 힘든 시간들이 많다고 생각했다. 그러나 견디고 이겨내고 나니 그 시간들이 별것이 아니었음을 알게 된다. 나이가 들면서 비로소 보이는 것들도 많아졌다. 이렇게 내려놓을 줄도 알고, 포용하며 감사하는 마음을 세월이 알려주었다. 세월이 나를 어른으로 만들어 준 것이다.

이제는 나름 일과 여가시간을 잘 활용하며 워라벨의 삶을 살고 있다. 이름 석 자에 자부심을 가지고 앞으로도 잘 익어가는 사회의 구성원으로 살아야겠다고 새삼 다짐하게 된다.

3. 빨간 돼지 저금통

> **엄마의 의자**
> 글: 베라 윌리엄스, 그림: 베라 윌리엄스, 옮긴이: 최순희, 출판사: 시공주니어, 2017
> 가족의 사랑과 희생을 말하는 가슴 따뜻한 그림책. 작가의 경험을 토대로 한 가족 이야기를 담아 여러 개의 상을 수상했다. 아주 사소한 것, 작은 사랑만으로도 충분히 행복해질 수 있다는 것을 가르쳐 준다.

이 책은 내게 어릴 적 엄마와 빨간 돼지 저금통에 얽힌 추억을 소환해 주었다. 그래서일까. 마음이 힘들 때면 큰 위로가 되어 주는 인생 그림책이 되었다.

나는 7남매의 막내로 태어났다. 어릴 적 엄마는 식당을 운영하셨다. 저녁에 식당 문을 닫고 나면 테이블 위에 앞치마를 올려놓고 지폐와 동전을 쏟아내곤 하셨다. 그때마다 나는 엄마 옆에서 돈 냄새를 맡으며 종이돈과 동전을 따로 구분하는 것을 돕곤 했다.

엄마는 손가락으로 종이돈을 세어 구분하신 후, 동전을 10원, 50원, 100원짜리로 분류하셨다. 고사리손으로 내가 도와드릴라치면 엄마는 만지지 말고 가만히 있으라고 말씀하셨다. 힘든 식당일에 엄마 눈에는 항상 피곤함과 고단함이 묻어 있었다. 그래도 나는 그때가 엄마와 오랫동안 함께 할 수 있는 유일한 시간이어서 마냥 행복했다. 하루 종일 구정물에 손이 마를 날이 없었지만, 엄마에게는 그때가 돈을 세며 보상을 받는 시간이었다.

계산이 끝나고 나면 마침내 내가 기다리고, 기다리던 시간이 돌아왔다. 아귀가 안 맞는 잔돈을 엄마는 "옜다. 옥이 너 가져라" 하고 주셨다. 그 맛에 나는 엄마가 계산하시는 주변을 서성였던 것이다. 그러면 나는 동전 예닐곱 개를 받아들고 좋아라 깨춤을 추었다.

우리 집 안방은 장롱과 화장대, 옷걸이가 전부인 단출한 살림이었지만, 화장대 위에는 화장품 대신 빨강 돼지 저금통 두 개가 나란히 놓여 있었다. 하나는 동전만 가득 채워진 내 저금통이었고, 하나는 아버지가 수시로 지폐와 동전을 넣어두는 일명 비자금 창고용 저금통이었다.

  빨간 돼지 저금통을 불려가는 쏠쏠한 재미에 나는 매번 받은 동전을 댕그랑 댕그랑 집어넣곤 했다. 그리고 가득 찬 돼지 저금통의 배를 가르는 날이면 신문지를 펼쳐놓고, 그 위에 산더미처럼 쌓인 동전을 가지런히 쌓아 놓았다. 그다음 날이면 나는 금액별로 신문지 포장을 한 수십 개의 동전 모듬을 들고 은행에서 지폐로 바꾸어 왔다. 그것을 들고 가면 엄마는 가족들이 필요로 하는 것이나 신발을 한 켤레씩 사주셨다.

  오늘따라 엄마가 더 그리워진다. 코끝이 시려오고, 가슴이 먹먹해지면서 눈가가 촉촉해진다. 겨울이 되면 엄마는 등교를 할 막내딸의 신발을 비닐에 싸서 아랫목에 넣어 두고 따뜻하게 데워 주셨다. 그 따뜻했던 신발을 떠올리니 엄마가 더욱 보고 싶다.

  그때는 몰랐다. 엄마의 넘치는 사랑이 늘 당연한 줄 알았다. 막내 티를 내느라 늘 타박만 했다. 고인이 된 엄마에게 살아계실 적 따순 털신 한 켤레 못 사드린 것이 두고두고 후회된다.

4. 오늘 기분, 안녕하세요?

> **기분을 말해 봐**
> 글: 앤서니 브라운, 그림: 앤서니 브라운, 옮긴이: 홍연미, 출판사: 웅진주니어, 2011
> 세계적인 그림책 작가 앤서니 브라운이 알려주는 우리 아이 감정 코칭 그림책.

> 단순하고 반복적인 구성이지만, 유아들이 일상에서 겪는 다양한 상황과 그에 따라 느끼는 감정들을 완벽하게 담아내고 있다. 마지막 장면의 질문은 유아들이 자신의 감정을 들여다보고 자유롭게 표현할 수 있도록 유도한다.

나이가 들어도 아이처럼 기분이 몇 번씩 올랐다/내렸다, 좋았다/나빴다 시소를 탄다. 그럴 때면 내 감정과 소통의 시간을 가져본다. 온전히 내 마음을 믿어주고, 손을 흔들며 '안녕하세요? 오늘 당신의 기분은 안녕하신가요?' 하고 물어본다.

우리는 지금까지 감정을 제대로 표현하는 법을 거의 배운 적이 없다. 그런 공부도 있다고 하지만, 어디 감정이 공부한다고 해서 되는 것이든가. "감정이란 마음이 시키는 것이 아닌가?" 하고 말하면, 혹자는 모르고 "그래?" 하며 답할 수도 있을 것이다.

한 번은 감정 코칭을 공부하던 마지막 날, 내 안의 억눌렸던 감정을 폭포처럼 쏟아낸 적이 있다. '제발 누가 내 마음을 좀 알아주기를,' '나 지금 이렇게 힘들다고' 하며 감정이 내 안에서 아우성쳤다. 그렇다. 나는 몰랐지만, 내 감정은 그렇게 수면 아래 살아 있었다. 때로는 하늘을 걷는 것처럼 자신만만하게, 때로는 숨고 싶을 만큼 보이지 않는 작은 존재로 이미 내 안에서 꿈틀대고 있었다. 그런데 나는 지금껏 내 감정을 알아차리지도, 알려고 하지도 않았다. 그 마음을 다독이며 '내 감정아, 미안해' 하고 쓰담쓰담 해주었다.

드라마를 보면서 눈물이 날 때가 있다. 그 드라마가 내 감정을 건드려서 그럴 것이다. 아마도 감정은 '그냥'이라는 단어와 정말 어울리는 단짝이 아닌가 싶다. 누군가가 '왜 울어?' 하고 물으면 나오는 대답이 '그냥'이니 말이다. '그냥' 자체가 감정이라고 나는 말하고 싶다. 그렇게 보면 감정과 '그냥'은 참 잘 어울리는 케미인 셈이다.

'지금까지 살아오면서 나는 나로 살아왔는가?' 하고 나에게 물어보았다. 곰곰이 생각해보니 남의 나로 살아온 시간이 더 많지 않았나 싶다. 내 속에 너무도 많은 나, 하지만 정작 나는 없는 나. 나의 감정을 나는 아직도 잘 모르겠다.

그래도 나는 그때그때 내 감정에 충실하려고 노력한다. 내 마음이 시키는 대로, 내 기분이 느껴지는 대로 표현하고, 행동하는 것이 정답이 아닌가 싶어서다. 그것을 누르고 살아온 세월이 많았지만, 이제는 제대로 표현하며 살고 싶다. 거짓된 얼굴로 사는 것보다 솔직하게 사는 것이 정신 건강에 이롭다는 깨달음이 든다.

인간은 행동을 약속할 수 있으나 감정은 약속할 수 없다고 니체가 말했다. 그러니 그때그때 내 감정에 충실할 수밖에. 온전히 내 마음 믿어주기. 그래, 그렇다. 내 마음을 내가 믿어주지 않으면 누가 믿어주랴. 그래서 나는 오늘도 힘차게 자동차 시동을 건다. 오늘도 내 감정, 내 기분은 '나이스'다. 앞으로도 나는 내 감정을 알아차리기 위해 '안녕하세요? 오늘 당신의 기분은 안녕하신가요?'라고 물어볼 것이다.

5. 추억아 함께 놀자

> **날아라 똥제기**
> 글: 임서하, 그림: 여기그림, 출판사: 키큰도토리, 2017
> 전래놀이 중 하나인 제기차기를 어린이들의 눈높이에 맞게 동화로 풀어낸 책. 이 책에는 시골 마을을 배경으로 제기차기를 즐기는 아이들이 등장한다. 이 책을 통해 어린이들은 제기차기의 재미를 느끼고, 우리 전통 문화의 가치와 소중함에 대해 생각해볼 수 있을 것이다. 또한 함께 어울려 노는 즐거움을 깨닫고, 남을 배려하는 마음도 키울 수 있다.

나는 아동, 청소년, 일반인, 노인 대상의 교육은 물론 창의 놀이를 활용해 기업체 리더십 강의와 코칭을 하는 펀fun 놀이 활동가다. 나는 놀이가 곧 그 사회의 문화라고 생각한다. 그래서 나는 창의 놀이, 인성 놀이, 역사 놀이, 다문화 놀이, 인지 놀이치매 예방, 전래 놀이. 보드게임 놀이 등을 할 때면 진심을 다하고 있고, 개별적으로 창작도 하고 있다. 교구를 활용해 행복한 소통 공감 특강과 리더십 소통 교육도 하고 있다. 수업에 이러한 교구를 사용하면 훨씬 활기차고 풍성한 강의 현장을 만들어 낼 수가 있는 장점이 있다.

나는 놀이를 통한 교육을 할 때면 늘 독립투사의 마음으로 임한다. 특히 노인 대상 교육 프로그램을 진행할 때면 더욱 비장해진다. 인지 놀이 활동이 치매를 늦출 수 있으니 나와 내 가족, 나아가 국가를 위한 일이기 때문이다. 사실 어르신들 치매 예방에 뇌를 자극

하는 놀이 활동만큼 효과적인 것은 없다. 우스갯소리로 어르신들이 하루 중 가장 많이 가는 곳이 한의원이라고 한다. 그 시간을 줄이고 노인정이나 실버대학 복지관을 이용한다면 보다 더 행복하지 않을까 싶다.

나는 내 일에 사명감을 느낀다. 내 부모님 같은 분들이 조금 더 건강하게 오래 살 수 있다면 내가 하는 일은 나름 큰 의미가 있다고 생각한다. 노령사회로 접어든 지금, 노인의 지적 욕구가 날로 커진 지금, 내가 하고 있는 인지 교구 놀이 활동은 그야말로 강추다. 내가 하는 일이어서가 아니다. 즐거움과 웃음이 함께 하는 만큼 젊어지고, 건강해질 수 있기 때문이다.

얼마 전 보건소에서 어르신들을 모시고 인지 놀이 테라피 프로그램을 진행한 적이 있다. 그 교육 프로그램 덕분에 어르신들의 인지능력과 감정의 데이터 수치가 점점 호전되고 있다며 "강사님 덕분입니다"라는 담당자의 말에 절로 힘이 났다.

이 책을 읽는 순간, 해가 지는지도 모르고 제기차기를 하며 놀았던 어릴 적 모습이 떠올랐다. 그래서일까? 강의나 놀이 프로그램을 진행할 때 나는 제기를 활용하기도 한다. 간단하면서도 쉽게 할 수 있는 놀이인데다 시선과 관심을 집중시킬 수 있기 때문이다.

아이들이 있는 집이라면 제기를 활용해 놀이를 해보는 것도 좋다. 그럴 때는 시중에 나와 있는 제기도 좋지만, 직접 만들어 활용하면 금상첨화다. 준비물도 간단하다. 색지 2장을 가지런히 포개 놓고, 그 중간에 동전을 놓고 김밥 말듯이 돌돌 말아 올린 후, 하나로 묶고 나서 세로 결대로 색지를 찢어서 만들면 된다.

또한 제기는 다양한 응용이 가능하다. 가령, 제기를 사용한 체조, 머리에 올려놓고 균형 잡고 걷기, 점수판에 던져서 점수내기, 접시를 활용한 탁구치기, 보자기를 활용한 배구놀이, 릴레이 놀이 활동. 파라슈트 집단놀이 활동 등이 그것이다. 아주 작지만 쓸모는 큰 놀이 기구인 것이다.

놀이는 사람을 유쾌하고, 활기차게 만든다. 그래서일까? 놀이 활동가인 나도 놀이를 통해 긍정적 에너지로 살아가고 있다.

6. 나는 나에게 어떤 하루였나?

> **가끔씩 나는**
> 글: 조미자, 그림: 조미자, 출판사: 핑거, 2020
> 멈춰진 나를 움직이는 리듬과 균형에 대한 이야기. 음악 속 높고 낮은 음표들처럼, 점점 커지고 점점 작아지는 파도처럼, 빠르게 또 느리게 부는 바람처럼, '나'는 움직인다. 점점 빠르게, 점점 느리게 '나'의 리듬을 발견하고 만들어가는 그림책.

가끔 그림책에서 각양각색 물방울들이 생각이나 감정들을 표현한 것을 본다. 아마도 작가들이 그 물방울에 자신의 생각이나 감정을 담았기 때문이리라. 그 물방울 하나하나가 감정을 형상화한 것은 아닐까 하는 생각이 들 때도 있다. 하지만 감정은 그보다 몇천

배 이상의 무게를 가지고 있다는 생각이 든다.

가끔, 아주 가끔씩 나는 어느 순간 모든 것을 멈추고, 마음까지 멈추곤 한다. 오늘 따라 뭔지 알 수 없는 미묘한 감정이 들었다. 코끝이 찡해지며 만감이 교차했다. '그래. 나도 가끔은 뒤돌아보고, 큰 숨 한번 쉬고 살자' 하는 생각을 해보았다. 그런데 오늘 문득 왜 이런 생각이 든 것일까. 오늘 나는 마음 한구석이 쿵 하고 무너져 내렸다.

한편으로는 이런 생각도 들었다.

'코로나에 감염된다면 일주일 정도 아무 생각 없이 포기하고 쉴 수 있을 텐데.'

나 같은 강사들은 매년 1, 2월이 비수기다. 전년도에 세운 지자체나 기업의 사업 계획들이 본격적으로 진행되는 것이 3월 이후이기 때문이다. 강사들에게 매년 있는 연례행사다. 그래서 별로 일이 없는 1, 2월은 자기만의 시간을 가지고, 자기만의 스킬 업Skill-up을 하기에 딱 좋은 때다.

하지만 막상 강의가 없이 시간적 여유가 생기면 좋기보다는 두렵다. 나라는 존재감이 희미해지고, 교육 담당자들에게 잊혀질까 두렵다. 이런 비수기에는 손가락 사이로 뭔가 막 빠져 나가는 느낌이 든다. 마음의 평온함을 느끼기는커녕 나를 지탱하지 못하고 불안해진다. 시간의 여유가 불안감을 부추기고, 나를 무기력하게 만든다.

일중독인 나는 어쩔 수 없나 보다. 마냥 앞으로 달리고, 바쁘게 살고, 분주하고, 누군가가 나를 찾아주어야 한다는 생각에서 자유롭지 못한 것을 보면 말이다. 어쩌면 프리랜서라는 직업이 주는 불안함의 그림자가 내 안에 드리워진 것은 아닌가 싶기도 하다.

그러나 올라가면 내려오고, 비우면 찬다는 진리를 다시 한 번 곱씹는다. 이렇게 마음이 조급해질 때는 인간사 새옹지마를 떠올리는 게 최선이다. 이 그림책을 한 번 더 뒤적이는 것도 방법이다. 이 그림책은 급하게 걸으려는 나를 부여잡으며 이렇게 말을 건넨다.

"오늘도 걸어야지. 너의 리듬과 균형에 맞게 다시 걸어봐."

그러고 나면 나는 안간힘을 내서 스스로에게 이렇게 응원한다.

'왜 그래? 잘해 왔잖아. 잘하고 있어, 잘될 수밖에 없어.'

7. 고마워, 내 인생!

> **돼지책**
> 글: 앤서니 브라운, 그림: 앤서니 브라운, 옮긴이: 허은미, 출판사: 웅진주니어, 2001
> 가정 내에서 여성 혼자 짊어진 가사노동에 대해 이야기하며 워킹맘의 고단한 삶을 그려내고 있다. 어린이책에서는 보기 드물게 페미니즘 입장에서 여성 문제와 가족 문제를 다뤘다. 현실 문제에 대한 풍자와 역설을 그림책만이 보여줄 수 있는 기발한 상상력과 갖가지 즐거운 그림으로 절묘하게 표현했다.

이 책은 처음 읽었을 때보다 여러 번 읽고 나니 한결 가슴에 와닿았다. 여성으로서 살아온 나의 모습을 거울로 보는 것 같은 착각이 들었다. 또한 나와 동시대를 산 여성들 모두의 이야기가 아닐까 하는 생각까지 들었다. 그만큼 여성으로서 공감이 가는 책이었다.

어느덧 나도 사회에 발을 디딘지 30여 년이 되었다. 큰아이가 초등학교 입학 무렵인 31세 때 직장을 다니기 시작해 지금까지 일하고 있으니 세월이 무심히도 참 빠르다. 나도 이 책에 등장하는 엄마처럼 가사에 협조적이지 않은 남편과 살면서 가정과 직장, 아이들 공부까지 1인 3역의 삶을 살았다.

"아침 반찬이 뭐 이래. 젓가락 갈 곳이 없잖아."
"엄마, 준비물 있어요. 이것 오늘 꼭 가져가야 해요."
"엄마, 오늘 학교 오는 날인 것 알죠?"

일상이 전쟁터 같은 30년을 살았다. 직장인, 엄마, 아내, 며느리, 딸로 살아낸 세월은 참으로 고단했다. 아동교육 학습지 홈스쿨 강사로 출발해 지금은 평생교육사로서 내 사업체를 운영하는 원장으로 일하며, 후진 양성에 힘쓰고 있다. 치열하게 살아낸 그동안의 시간들이 지금 이 자리에 있게 했으니 현직 워킹맘으로서 남모를 자부심마저 들기도 한다.

아이들은 열심히 사는 엄마를 보며, 엄마의 숨소리를 들으며 성장한다고 한다. 그저 열심히 살아낸 세월이었지만, 그 모습이 아이들에게 늘 귀감이 되기를 바라는 마음이 간절했다. 한편으로는 아이들에게 미안함과 애틋함이 있었음을 숨길 수 없다.

그럼에도 불구하고 늘 상위 5% 안에 들어 엄마에게 큰 희망을 주었던 아들. 그 아들은 어렵고 넉넉지 못한 환경에서도 늘 묵묵히 자기 일을 다해 주었다. 카이스트를 졸업하고 참한 며느리를 만난 큰아들이 대견하고 정말 고맙다. 큰 학원을 운영하는 딸과 사위도 오순도순 살아가니 이 또한 고맙다.

현직에서 워킹맘으로 수많은 우여곡절을 견디고 버티며 여기까지 왔다. 그 과정들이 한 편의 영화처럼 떠오를 때면 문득문득 내 안에서 뿌듯함이 솟구치곤 한다. 오늘이 그런 날이다. 오늘이 최고의 날이고, 멋진 날이라고 생각하니 모든 것이 그저 감사할 뿐이다.

"고마워, 내 인생."

열한 번째 이야기

뒤통수를 간지럽히는 그림책

함소정

상담심리학을 전공하고, 현재는 상담심리학 석사 과정에 있다. 무엇을 하고 싶은지 방황하던 중 그림책 감정코칭 자격증 공부를 하다 그림책의 묘미에 빠져들었다. 그림책 테라피를 통해 나와 주변을 이해하고, 스스로의 삶에 감동하게 되어 그 경험을 다른 이들에게도 전해주고 싶은 마음에 글쓰기에 도전하게 되었다.

마음 버스

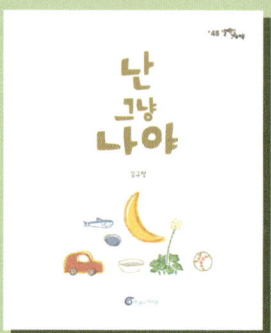
난 그냥 나야

돌아오지 못한 아이들

또또와 사과나무

펑 아저씨

할아버지와 소나무

누군가 뱉은

1. 별일 아닌 일상을 특별하게

> 마음버스
>
> 글: 김유, 그림: 소복이, 출판사: 천 개의 바람, 2022
>
> 달도 잠든 깜깜한 밤, 마을버스에서 ㄹ(리을)이 사라졌다. 운전사 곰 아저씨는 재활용 더미에서 꺼낸 작은 나무 창틀을 ㄹ이 사라진 자리에 붙인다. 이제 마을버스는 마음버스가 되었다. 마을을 달리는 아침, 날마다 같은 사람들이 같은 시간에 버스를 탄다. 장사하러 가는 할머니 할아버지, 일하러 가는 아저씨 아주머니. 매일 얼굴을 보는 사이지만, 모두 말없이 창밖만 바라본다.

    이 책에서 마음버스는 언제나 천천히 달려간다. 달려오는 손님을 기다리고, 화내는 사람들에게 사정을 구하는 곰 아저씨. 읽다보면 그의 자상한 마음이 우리에게도 스며든다. 그리고 그 마음이 각박한 손님들에게도 스며들어 서로에게 안부를 묻는 여유를 준다. 매일 보아도 남이었지만, 오늘은 안부를 묻고 관심을 가지게 된다. 서로의 이야기로 물든 버스에 꽃잎이 떨어져 사진 같은 장면이 만들어진다. 맛있는 머핀에 달콤한 토핑을 뿌리듯, 한껏 말랑해진 사람들의 마음에 그의 자상함이 흩뿌려진다.

일상을 살아가다 보면 소중한 장면은 대개 기억에 남을 거라는 걸 안다. 그러나 이 책은 전혀 아무렇지 않았던 의외의 순간을 영화처럼 떠올리게 했다. 마치 '시네마 천국'이라는 영화를 본 것 같은 착각을 불러일으켰다. 바쁜 삶을 사는 현대인들이 잊어버린 여유로움과 관심, 그것은 도대체 어디로 숨어버린 것일까? 마음 저편 구석에 우리가 밀쳐놓은 것은 아닐까?

　제주도에는 도서관에 갈 수 없거나 가기 귀찮은 사람들을 위해 책을 빌려주는 도서관 버스가 있다. 느릿느릿 달리지만, 책이라는 커다란 선물보따리를 어기여차 끌고 다니며 사람들을 만난다. 그 선물보따리를 기다리며 목을 빼고 있는 사람들도 꽤 많다. 어쩌면 우리는 무언가를 기다리는 과정이 주는 기대감으로 살아가는지도 모르겠다. 그것이 희망이든, 돈이든, 명예든, 소소한 것이든. 기대감이 삶에 에너지를 충전해주기 때문이다.

　한 번은 일을 하다가 아이에게 그림책을 읽어주고 싶다는 생각이 들었다. 아이를 생각하며 멈춰 서 있던 도서관 버스에서 책을 골랐다. 날씨는 맑고, 날은 더웠다. 내 옆에서 직장 상사가 얼른 책을 고르라며 채근했다. 아이에게 맞는 책을 찾던 나는 고민이 배가 되었다. 그날은 도서관 버스에 대한 신기함보다는 어떤 책을 골라야 할까 고민하던 날로 내 뇌리에 각인되었다.

　그러나 신기하게도 이 책을 읽고 나서 그때의 기억이 완전히 달라졌다. 잊고 있던 그날의 유난히 파란 하늘과 따뜻한 햇살, 책을 그득 실은 노란 버스, 수많은 그림책들이 선명하게 기억 속에 떠올랐다. 심지어는 색색의 그림책으로 가득했던 그 버스 안이 환상적으로 느껴지기까지 했다.

  나는 의아했다. 같은 날의 기억이 이렇게 다를 수 있다니. '이것이 바로 그림책의 힘인 것일까?' 하는 생각이 들었다. 이 그림책이 과거의 그날을 동화처럼 각색했다는 착각까지 들었다. 마음버스를 몰면서 주인공이 주변 사람들에게 예상치 못한 순간의 추억을 남겨주었다면, 이 책은 읽는 이에게 과거의 기억을 예상치 못한 동화로 바꿔주었다. 나도 누군가에게 그런 순간을 만들어 주고 싶다는 생각이 들었다.

2. 내가 되어도 괜찮은 나

난 그냥 나야
글: 김규정, 그림: 김규정, 출판사: 바람의 아이들, 2020
역사, 평화, 자연 등 세상을 이루고 있는 중요한 가치들을 기록하고 전하는 일에 집중했던 김규정 작가가 쓴 아이의 시선에서 성장의 의미를 생각하게 하는 그림책. 잔소리하는 어른들을 향해 귀엽게 항변하는 아이의 목소리가 담겨 있다. 초승달이 보름달이 되기 위해 있는 게 아니듯, 우리도 시간이 흘러 자연스레 될 뿐. 지금의 나는 오로지 나다. 어린이의 미래에 집착하며 준비에 목숨을 거는 지금 세대에게 큰 울림을 준다.

나는 늘 무언가를 쫓으며 살아왔다. 영문도 모른 채. 남들과 어울리기 어려웠을 때는 평범한 사람이 되려 했다. 하지만 정작 무난한 사람이 되었을 때는 특별한 사람이 되고 싶었다. 나는 나의 모습을 인정하지 못하고, 타인의 시선을 의식했다. 타인의 기대에 부응하려 했다. 타인에게 사랑받고 싶어 했다. 내가 좋아하는 것보다는 타인에게 맞추려 했고, 내 취향마저 바꿀 만큼 다른 사람들의 견해가 옳다고 믿었다.

어떤 사람들은 이것을 보고 자존감이 없었다고 말할지도 모르겠다. 하지만 이것이 비단 나만의 문제일까. 우리는 사회의 정형화된 틀 속에서 성장하고, 배워왔다. 그렇다 보니 개성보다는 통일성을, 나보다는 타인을, 개인보다는 집단을 먼저 생각하는 것을 당연시 여기게 되었다.

하지만 지금 아이들은 우리 때와는 전혀 다른 인류다. 물론 윗대의 그늘이 여전히 드리워져 있지만, 그 그늘에서 비교적 자유로운 편이다. 그런 그들이 때로는 당당해 보이고, 때로는 이기적으로 보일 때도 있다. 그런 그들을 보노라면 부러움 반, 질투 반이다. 나도 그들처럼 주변을 의식하지 않고 자기 주관대로 살고 싶다는 생각이 강렬하다. 하지만 어디까지나 마음뿐이다. 실행은 엄두도 못내고 있다.

나는 완벽한 사람이 되려고 태어난 것이 아니다. 완벽해질 수도 없다. 흠결 없는 사람이 어디 있겠는가. 그것을 인정하고 내가 좋아하는 것, 내가 잘하는 것, 내가 잘하고 싶은 것에 마음을 두고 그대로 컸더라면 좋았을 텐데 하는 생각이 들었다. 그때 침잠해 있던 그 마음이 이 책의 다음 구절을 통해 밖으로 튀어나왔다.

"초승달이 보름달이 되기 위해 있는 건 아냐."

이 문장 이후부터 이 책의 모든 내용이 내 마음을 콕콕 찔러댔다. 나로 살아도 괜찮다고 위로받는 기분이 들었다. 담담하게 내뱉는 그 한마디가 너무도 따뜻하게 느껴졌다. 더는 참지 말고 드러내면서 내가 좋아하는 드라마도 보고 내가 쓰고 싶은 글도 쓰며 살아야겠다고 다짐했다. 사람들은 그런 나에게 손가락질 대신 오히려 더 잘하라고 응원을 해주었다.

그 후 나는 진짜 내가 되어 갔다. 잃어버렸던 나를 찾아가는 과정이 또 다른 재미를 주었다. 추억 여행에 빠지기도 하고, 나이를 먹어가며 바뀐 나를 인정하며 쓰다듬기도 했다. 그런 모든 순간이 나를 사랑하고 알아가는 과정이어서 정말 행복했다. 이 책을 집어들고 읽는 사람들에게도 나와 같은 선물이 찾아가리라 믿는다.

3. 사라지지 않기 위해 희망을 꿈꾼다

돌아오지 못한 아이들
글: 고정순, 그림: 고정순, 출판사: 노란 상상, 2021

쥐떼가 덮쳐 곡식이 남아나지 않은 마을에 구세주처럼 나타난 피리 부는 사나이. 그에게 주는 대가가 아까워 약속을 지키지 않은 마을 사람들. 사나이는 그 형

> 벌로 아이들을 데려간다. 피리 부는 사나이를 따라 아이들이 사라진 마을의 뒷이야기를 그렸다.

이 책을 처음 읽었을 때, 앞부분에서 보이지 않는 무언가를 마시고 쓰러졌다거나 열리지 않는 문에 좌절했다는 장면에서 나는 자살을 떠올렸다. 그러나 뒤로 갈수록 이해가 되지 않았다. 결국 마지막에 이르러서야 깨달았다. '작가의 이야기를 내가 잘못 이해했구나!' 하고.

다시 읽다 보니 우리나라의 사회생활을 잘 반영한 이야기라는 생각이 들었다. 특히 열리지 않은 문에 좌절한 사람과 소음 속에 사라지는 전화상담원은 현실감이 느껴졌다. 과거에 실제로 일어났던 몇몇 사건들이 떠올라 더욱 안타까운 마음이 들었다. 여전히 직장에서 내몰려 돌아오지 못한 작은 사람들이 현실에 존재한다. 문득 그 작은 사람이 내가 될 수도 있다는 생각이 번뜩이자 두려워졌다.

한때 나는 사회에 나가길 두려워한 적이 있었다. 모든 것과 담을 쌓은 채 좌절의 나날을 보냈다. 그러나 세상은 변하는 것이 없었다. 모두들 달리는 데 나만 멍하니 서 있다는 착각이 일었다.

그 사이 뒤쳐진 나를 무시하는 시선과 안타까운 척하며 밀어내는 사람들만 늘어났다. 주변 사람들은 나에게 저들처럼 달리라고 채근했다. 그 말에 나는 다시 동굴 속으로 숨고 싶어졌다. 돌아오지 못하는 작은 사람처럼 피리 부는 사나이를 따라가고 싶어졌다.

하지만 그렇게 한들 내 주변만 슬퍼질 뿐이었다. 세상은 바뀌지 않고, 가족들과 아는 사람들의 눈에 눈물만 그렁그렁할 뿐이었다. 결국 나는 치열한 내적 투쟁을 통해 나의 세상을 바꿔야겠다고 결심했다. 그리고 주변에 나와 같은 사람이 생긴다면 그를 지켜주겠노라 다짐했다.

나는 여전히 도전 중이다. 나의 꿈을 찾기 위해 다부지게 일하면서 주변의 따가운 시선과 말에 마음을 다치기도 했다. 하지만 지금은 주변 것들에 신경 쓰지 않을 만큼 단단해졌다. 마음속에 희망이라는 깊은 뿌리가 자리하고 있기 때문이다. 피리 부는 사나이를 따라가지 않도록 나는 오늘도 내 안을 채우고 있다.

4. 간절하게 바라고, 무작정 행동하자!

> **또또와 사과나무**
>
> 글: 나카에 요시오, 그림: 에노 노리코, 출판사: 세상모든책, 2019
>
> 좋은 것을 독차지하고 싶고, 먹고 싶은 것도 많은 생각하는 아기 쥐 또또. 가끔 친구들을 부러워하고 갑작스런 일로 어려움을 겪지만, 또또는 자신만의 독특한 생각으로 주위를 놀라게 만드는 게 특기이다. 유아기의 식욕에 대한 이해와 다른 동물들을 주의 깊게 관찰하고 자신과 비교해 보는 탐구의 자세를 그렸다.

이 책 주인공 '또또'는 키가 큰 사과나무에 달린 사과를 따고 싶다. 그래서 다른 동물 친구들이 사과 따는 것을 관찰하고 따라한다.

하지만 그들과 다른 몸을 가졌기에 실패한다. 이후, 또또는 자신처럼 사과를 먹고 싶어 하는 물개와 함께 사과를 따서 나눠먹는다.

처음에 또또는 자신과 친구들이 어떻게 다른지 확인하지 않고, 무작정 따라한다. 얼마나 먹고 싶은지 사과나무를 떠나지 않고 한 마리, 두 마리, 세 마리. 여러 동물 친구이 지나칠 때마다 자세하게 관찰하며 따라한다. 비둘기처럼 날개도 없고, 코끼리처럼 코도 길지 않으며, 코뿔소처럼 힘도 세지 않기에 따지 결국 사과를 따지 못한다.

그러나 또또가 얼마나 사과를 먹고 싶어 하는지 동물들 모두가 안다. 그렇기에 물개가 다가와 간절한 마음을 내비친다. 또또는 마음만 간직한 것이 아니었다. 오가는 동물 친구들의 모습을 관찰하고, 행동으로 옮겼다. 또또는 이미 여러 동물 친구들이 제각각 신체의 장점을 이용해 사과를 따는 것을 보았다.

그 결과, 물개가 왔을 때 사고를 확장해 자신을 들어올리는 방법을 생각해낸다. 그리고 이를 행동에 옮겨 마침내 사과를 따먹는다. 간절한 마음으로 끝까지 사과나무 아래에 있지 않았다면 또또는 사과를 먹을 수 없었을 것이다. 그 간절함이 또또와 물개에게 사과를 선물한 것이다.

한때 나도 간절한 마음을 가진 적이 있었다. 마음이 힘들어 스스로를 상처 내고, 죽으라는 소리를 마음속에서 들으면서도 나는 살고 싶었다. 끝없이 우울해 잠들 수 없는 밤이 너무나도 싫었다. '사라져라'라고 귀에서 울리는 소리를 없애고만 싶었다.

거기서 벗어나기 위해 타인을 관찰하며 세상에 대처하는 법을 배웠다. 다른 사람의 웃기는 너스레도 따라했다. 하지만 그 말들이 입에서 둥둥 튀어나와 오히려 나를 위축시켰다. 그래도 시치미를 떼고 꿋꿋하게 대화를 이어갔다. 그러다가 나와 비슷한 사람과 친구가 되었다.

또또가 먹고 싶어 하는 사과처럼, 그 당시 나에게 사과는 사회성이었다. 그것이 나의 목표이자 희망이었고, 내게 장착하고 싶은 스펙이었다. 또또가 물개를 만난 것처럼, 나와 비슷한 친구를 만나 함께 하고 싶고, 나눠 가지고 싶다는 생각을 하게 되었다.

이제는 또또의 다음 발전단계처럼 내가 잘할 수 있는 나만의 방법을 찾고 있다. 나의 간절함으로 사과를 따는 방법을 깨달으면서 스스로에게 더는 상처를 내지 않고 있다. 내가 간절하지 않은 상태에서 행동했다면 어떤 일이 일어났을까? 상상할 수조차 없다. 하지만 정말 간절했기에 오히려 침착하게 오랜 시간 공을 들일 수 있었지 않았나 싶다.

이처럼 간절함은 문제의식과 더불어 다양한 관점에서 나와 주변 환경을 돌아보는 계기를 제공한다. 이때 얻는 것은 내적 성장이다. 아픈 만큼 성숙해진다는 노래 가사처럼 우리는 아파본 만큼 여문다. 그것은 아픔을 겪은 후 당장 이루어지는 것이 아니다. 모소대나무처럼 처음에는 지지부진하고 눈에 띄지 않을 수도 있다. 그러한 내적 성장을 거친 후 결단을 내려 행동에 옮기면 시간을 들인 만큼 달고 값진 사과를 얻을 수 있다.

5. 선택하지 않는 것과 선택 당하는 것

> **펑 아저씨**
> 글: 김미소진, 그림: 김미소진, 출판사: 계수나무, 2019
> 무엇이든 만들 수 있는 발명가 펑 아저씨의 고민은 하나. 선택할 때 시간이 너무 오래 걸린다는 것. 그래서 고민을 해결해 줄 당근 할아버지를 만든다. 덕분에 선택이 어렵지 않게 되었지만, 당근 할아버지는 갈수록 모든 일에 사사건건 끼어들어 참견하기 시작한다. 이 책은 이처럼 다른 사람이 아닌 스스로 내린 선택이 주는 기쁨을 다룬 그림책이다.

모든 사람들은 크던 작던 자신만의 고민을 안고 살아간다. 이 세상에 고민 없는 사람이 어디 있겠는가? 백만장자라고 고민이 없을까?

이 책에서 펑 아저씨는 선택할 때 시간이 너무 오래 걸린다는 고민에 자신의 특기를 살려 당근 할아버지를 만들어 낸다. 이 책을 읽는 내내 나의 당근 할아버지는 누구일까 생각했다. 나도 이 책 주인공 펑 아저씨처럼 무언가를 선택할 때 꽤 오랜 시간이 걸리는 편이다. 그런 나를 대신해 빠르게 고민하고 결정해주는 사람이 있었다. 나의 엄마, 바로 그녀가 나에게는 당근 할아버지 같은 존재였다.

과거 나는 식사 메뉴를 정할 때도 3시간이 걸리고, 옷 한 벌 사는 데도 몇 달이 걸릴 정도로 신중한 편이었다. 그런 나에게 세상은 선택할 것이 너무나도 많은 요지경이었다. 그렇다 보니 커가면서

차라리 모든 선택을 포기하고 아무것도 하지 않는 편이 더 낫다고 생각하게 되었다.

그런 내가 답답했던 것일까? 나의 당근 할아버지였던 엄마는 적시적소에 정답처럼 보이는 선택지를 쑥쑥 내게 내밀었다. 시간이 지날수록 나는 그런 엄마에게 모든 것을 의존하게 되었다. 그러자 나의 엄마는 점차 내가 미뤄둔 선택지부터 내가 원하지 않는 질문까지 전부 찾아내 스스로 결정해버리곤 하셨다. 그러고 나면 나는 엄마가 선택한 답을 실행에 옮기기 위해 노력했다.

엄마는 느린 나를 타박하며 자신의 믿음을 깨지 않기 위해 자기를 합리화했다. 나는 점점 나의 선택보다 엄마의 선택을 더 믿게 되었다. 나의 커리어가 쌓여갈수록 자신 때문에 잘되었다는 엄마에게 휘둘리게 되었다. 성공하면 엄마 덕분, 실패하면 엄마 탓. 내 인생에서 결정도 후회도 책임도 내 것은 없었다. 머리만 큰 어린애로 자란 나는 20대 중반까지 엄마의 의견에 내 인생을 맡기고 있었다.

그러나 그것이 과연 엄마의 잘못이었을까. 그때 나는 엄마의 선택을 믿는 대신 내가 직접 선택하고, 내가 원하는 것을 선택했어야 했다. 비록 시행착오를 겪거나 일시적으로 실패를 경험할지라도 그렇게 했어야 내가 성장하고 앞으로 나아갈 수 있음을 나중에야 깨달았다.

지금도 나는 산적한 선택지 앞에서 머뭇거리곤 한다. 하지만 나는 오래전 내 삶의 관객이 아니라 주인공으로 살겠다고 마음먹었다. 내 옆에서 선택을 도와주려는 이들도 있지만, 그들의 의견은 그저 참고용일 뿐이다. 나는 스스로를 책임지기 위해 이미 단호해졌다. 이 책의 주인공 펑 아저씨가 자신의 선택을 있는 그대로 즐긴 것처럼, 나도 앞으로 과정 자체를 사랑하며, 기꺼이 그 결과에 책임지는 삶을 살 것이다.

6. 오랜 시간 잊혀진 사랑을 찾아서

> 할아버지와 소나무
> 글: 이명환, 그림: 이명환, 출판사: 계수나무, 2019
> 아직 경험할 것이 많은 솜이와 오랜 경험이 쌓인 할아버지. 이 둘은 함께 그림을 그리면서 가까워진다. 오해와 편견을 내려놓으니 상대방의 가치와 아름다움도 보인다. 실제로 이명환 작가는 할아버지와 함께 그림을 그리며 가까워졌고, 그 경험과 추억을 토대로 이 책을 펴냈다. 보이지 않는 공기처럼 다정함을 자연스레 알게 해주는 그림책이다.

이 책 주인공 솜이는 부모님과 함께 소나무를 그리고 싶었지만, 바쁜 부모님 대신 할아버지와 그림을 그리게 된다. 할아버지가 무서웠던 솜이는 오히려 소나무와 할아버지의 공통점을 찾으며 신나게 그림을 그린다. 솜이는 할아버지에 대한 무서움이 사라지고, 소나무 그림이 멋지다고 말한다.

이 그림책을 보다가 문득 우리 할아버지가 생각났다. 우리 집에서 가장 키가 크셨던 할아버지, 말없이 텔레비전을 보셨던 할아버지, 밭에 나가 일하시던 할아버지 등 영화의 한 장면처럼 할아버지에 대한 기억이 새록새록 살아났다.

사실 우리 할아버지는 다정하게 말을 건네거나 정성스레 밥을 차려준 적이 별로 없다. 게다가 키도 크시고 눈썹도 짙은 탓에 무서워서 심적으로 거리감을 느꼈다. 내가 자주 아파 병원에 갔다가 퇴원을 해도, 돌봐줄 사람이 없어 남동생과 같이 밥을 먹을 때도, 할아버지는 언제나 남동생만 예뻐하셔서 좋은 기억으로 남아 있지 않았다.

할아버지를 불편해하는 엄마와 할아버지만 챙기는 아빠가 할아버지와의 거리를 더 멀어지게 부채질했다. 우리 가족이 분가하면서 이제는 남동생과 차별하는 할아버지를 더 이상 보지 않아도 된다는 생각에 속이 시원했다. 가끔 뵐 때마다 허리가 굽어 키가 더 작아지고, 짙었던 눈썹이 더 하얘지신 할아버지가 나를 반기면 그저 밉게만 느껴졌다. 어릴 때 다정히 대해 주시지시 않은 것이 미웠고, 그런 할아버지가 힘없이 늙는 모습이 싫어서 또 미웠다. 내가 사랑하는 할아버지가 세상에서 가장 말을 걸기 힘든 사람이라는 사실이 싫었다.

그런 나에게 이 책은 제발 철 좀 들라며 시간여행을 시켜주는 듯했다. 모두가 다정한 것은 아니라며, 할아버지에게 가진 미운 감정을 지우라고 다독이는 것 같았다. 어쩌면 내가 가진 미운 감정도 할아버지에 대한 사랑의 갈구와 표현은 아니었을까?

할아버지는 매끼 나와 식사를 함께 하셨다. 부모님 없이 홀로 입원했던 때에도 할아버지는 아무 말 없이 내 곁에 서 계셨다. 그렇게 할아버지는 서툴고 투박하게 내 곁을 지켜 주셨다. 나는 그게 할아버지의 사랑이고, 다정함인 것을 미처 몰랐다. 사랑한다고 말하고, 표나게 잘해줘야 사랑이고, 배려라고 생각했다.

지금 와 생각해 보면 할아버지는 소나무 같은 존재였다. 가만히 그 자리에서 그늘이 되어 주고, 바람을 막아주는 소나무 같은 존재. 그저 곁에 있는 것만으로도 따뜻해지고 위로가 되어 주던 할아버지가 이 책을 통해 다시 소환되었다. 할아버지는 왜곡된 어린 시절 기억으로 자기연민에 빠져 있던 나에게 잘 컸다고 따뜻하게 위로해주었다.

7. 검은 말은 검은 안개를 몰고 온다

누군가 뱉은

글: 경자, 그림: 경자, 출판사: 고래뱃속, 2020

누군가 뱉어낸 검댕이 '꺼져'는 검댕이 친구들과 만나게 된다. 이들의 이름은 '꺼져'처럼 모두 비속어. 검댕이들은 '꺼져'에게 놀이를 소개해 준다. 화가 난 사람의 머릿속으로 들어가 입으로 뱉어지면, 상대방의 얼굴로 착지하는 놀이이다. 검댕이들의 큰 즐거움은 자신들 때문에 슬퍼하는 사람들을 구경하는 것. 하지만 '꺼져'는 이런 놀이가 즐겁지 않은데…. 말이 가진 힘과 영향력을 생각해보게 하는 그림책.

고등학교 때의 일이다. 나도 여느 학생들처럼 말끝마다 욕을 달고 살았다. 하지만 어느 순간 욕을 줄이기로 마음먹었다. 전혀 모르는 한 여자의 끊임없는 욕설에 당사자가 아닌데도 불구하고 기분이 좋지 않았기 때문이다. 그때부터 내 입에서는 욕설이 줄어들게 되었다.

하지만 여전히 가볍게 내뱉는 말 때문에 나는 속상했다. 그래서 무의식적으로 툭툭 나쁜 말을 할 때마다 입을 때리곤 했다. 행동치료를 하듯 더럽혀진 입을 때려서라도 욕을 안 하려고 했다. 입을 때리며 불쑥 튀어나오려는 욕을 참고는 "욕할 뻔 했어"라고 할 때도 욕을 한 것만 같아 기분이 별로 좋지 않았다.

그런데 그렇게 욕을 참으려 할 때마다 주변 사람들은 "그냥 해버려. 뭘 참고 그래"라며 검뎅이 친구들처럼 나를 부추겼다. 나쁜 감정을 나쁜 말로 해소하라는 그들의 말을 따른다면 당장에는 기분이 좋을지 몰라도 결국에는 나도 상대도 마음이 상할 수 있었다. 나쁜 감정을 다스리고, 나쁜 말을 차단하는 것만이 궁극적인 해결책이라는 생각이 들었다.

우리는 말을 통해 교감하고, 소통하며, 자신의 의사를 전달하고, 피력한다. 또한 말은 감정의 산물이다. 나쁜 감정은 나쁜 말을 가져오고, 나쁜 말은 다시 나쁜 감정을 부추겨 상황을 악화일로로 끌고 간다. 마땅히 어른이라면 그 감정을 고스란히 토해내서는 안 된다.

자신의 감정과 말을 다스릴 수 있는 사람이 어른이다.

　말은 그 사람의 거울이다. 우리는 자신의 외모에는 많은 신경을 쓰지만, 정작 내면의 거울이라고 할 수 있는 말에는 별로 신경을 쓰지 않는 것 같다. 그저 생각나는 대로 털어내고, 그 뒤에 문제가 생기면 수습을 하려 한다. 말을 내뱉기 전에 한 번만 곱씹어 생각하면 문제도 없고, 수습할 일도 없을 텐데 말이다.

　또한 말은 사회를 형성한다. 내가 고등학생 때 또래들과 말하던 장면을 생각해 보면 쉽게 알 수 있다. 내가 욕을 하면 주변에 그런 친구들이 모여 들었다. 자연스레 욕 배틀처럼 누가 욕을 잘하나 내기하듯 말이 거칠어졌다. 표현을 더 거칠게 할수록 멋있게 보였고, 좀 더 거칠게 말하기 위해 노력과 정성을 쏟았다. 이 책의 검댕이 친구들처럼 말이다.

　이 책은 그런 나에게 말의 소중함과 어떤 말을 해야 하는지 다시 한 번 반면교사를 주었다. 우리는 일상적으로 말을 하지만, 말의 소중함은 제대로 깨닫지 못하는 것 같다. 특히 요즘 아이들은 욕을 빼놓고는 대화를 할 수 없다는 말까지 들린다. 하지만 오염된 말로 내 입이 더러워지고, 내 감정이 검게 변하고, 내 주위 사람들이 비슷한 사람들로 채워진다면 어떻게 될까? 나아가 그런 사람들이 사회의 대다수를 차지한다면 어떻게 될까? 안 봐도 훤하다. 각박해지고, 삭막해질 것이다.

　문득 가슴에 손을 얹고 나를 돌아보게 된다. 영향력은 결코 선한 것만 있는 것이 아니다. 좋은 것은 10명에게 전파되지만, 좋지 않은 것은 100명에게 전파된다는 속설이 있다. 나는 어떤 영향력을 가진 사람일까? 말 한마디로 내 얼굴에 침을 뱉는 우를 범해서는 안 될 일이다.

열두 번째 이야기

나의 '빛'을 찾아가는 여행

임은경

수학과를 졸업한 후 학원 강사 및 개인 공부방 운영자로 20여 년을 아이들과 만나왔다. 어느 날 초등학교 3학년 아들이 ADHD 진단을 받았다. 아들을 어떻게 키워야 할까 고민하다가 ADHD에 대해 잘 알고 싶다는 생각에 상담심리 대학원에 입학하였고, 이를 계기로 직업을 바꾸게 되었다. 현재 가정폭력 피해자 지원을 15년째 하고 있다. 2021년 어느 날 그림책을 만나 오십이 넘은 나이에 많은 그림책을 읽으며 자신의 내면을 찾아가는 여행을 하고 있다.

너는 누구니?

안나야, 어딨니?

세상에 필요한 건
너의 모습 그대로

난 나의 춤을 춰

넌 내가 안 보이니?

못말리는 카멜레온

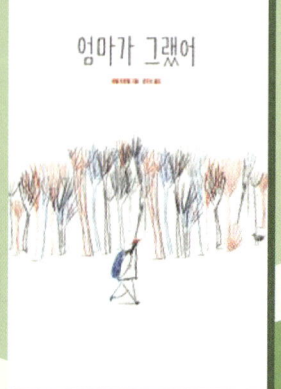
엄마가 그랬어

1. 나는 누구인가?

> 너는 누구니?
> 글: 류일윤, 그림: 류일윤, 옮긴이: 노은정, 출판사: 글뿌리, 2006
> 'Plus 칸트키즈 철학동화'는 자아 정체성과 자존감을 심어 주는 사춘기의 정신적 방황과 사회적 문제, 학교에서 겪는 스트레스나 왕따 및 우울증을 이겨낼 수 있도록 도와준다. 또한 인생을 행복하게 살 수 있는 지혜와 가치관을 형성할 수 있도록 이끈다. 대입 논술의 주제 분류와 기출 문제 경향을 파악하고, 논술 인용문으로 쓰기 좋은 동화이기 때문에 논리력 향상에 도움을 준다.

'나는 누구인가?'

50대 중반에 비로소 이 질문을 던져보았다.

'이 세상에 하나밖에 없는 나?'

여기서 대답이 뚝 멈추었다. 그래서 이 책을 읽고 또 읽으며 이 질문에 대한 답을 찾아보았다. 마치 하나님 앞에 선 어린아이처럼 애절하게. 그리고 마침내 그 답을 찾았다.

'저는 키도 작고, 50대 중반에 여기저기 아픈 곳도 많습니다. 그래도 저를 사랑합니다.'

자신을 사랑하는 데 무슨 이유가 있어야 할까? 있는 그대로 자신을 사랑하고 존중한다는 것은 참 쉬우면서도 어렵다는 생각을 하게 되었다. 그리고 나를 사랑하기 위한 방법을 찾아보기 시작했다. 나를 사랑하려면 무엇보다 먼저 나를 알아야 한다.

어린 시절의 나와 지금의 나는 참 많이 다르다. 어느 것이 진짜 나일까? 천방지축 제 멋대로에 어디서나 자신만만하고 당당했던 나. 반면에 다른 사람들을 보살피고, 눈치를 살피며, 좀 더 나은 방향을 찾으려고 애쓰는 나. 때로는 오지랖을 부리다가 낭패를 보는 나. 이 모두가 '나'다. 사람은 여러 개의 얼굴과 성격을 가지고 있고, 상황에 따라 얼굴과 성격이 드러나기 때문이다. 나는 그런 모든 나를 사랑하고 존중한다.

하지만 정작 자신을 사랑하냐고 물어보면 의외로 "아니오"라고 말하는 것을 본다. 그 이유는 외부의 눈, 타인의 눈, 사회의 눈으로 자신을 바라보고 의식하며 살아가기 때문이다. 최근 들어 나는 좀 더 올바른 방법으로 자신을 이해하고, 자신의 역량을 충분히 발휘하며, 타인과 소통하며 살아가는 것이야말로 자신을 사랑하고 존중하는 것이라는 생각이 든다.

그래서 다시 한 번 더 되뇌인다.

'저는 키도 작고, 50대 중반에 여기저기 아픈 곳도 많습니다. 그래도 저를 사랑합니다.'

2. 나는 어디에 있을까?

> 안나야, 어딨니?
> 글: 수산나 마티안젤리, 그림: 키아라 카레르, 옮긴이: 이현경, 출판사: 국민서관, 2018
> 이탈리아 아동서에서 가장 권위 있는 '이탈리아 안데르센상(Italian Andersen Prize)' 2018년 최고의 작가상을 받은 '수산나 마티안젤리'와 같은 상을 여러 번 수상한 일러스트레이터 '키아라 카레르'가 만나 탄생한 그림책. 시장에서 귤 가게로 잠깐 눈을 돌린 사이에 안나가 사라졌다. 엄마가 주변 사람들에게 안나를 보았는지 다급히 물어보자, 시장에 있던 사람들이 "어떻게 생긴 아이예요?"라고 물어본다. 안나는 어떻게 생겼을까?

이 책에는 엄마가 시장에서 안나를 잃어버리고 찾는 내용이 담겨 있다. 엄마가 시장 사람들에게 안나에 대해 설명하고 찾아가는 과정에서 우리는 고개를 갸우뚱할 수밖에 없다. 그녀는 안나에 대해 이렇게 설명한다.

"안나는 다른 아이들과 전혀 달라요. 여러 아이들 속에 있어도 안나 같은 아이는 안나뿐이에요."

이렇게 설명하면 과연 안나를 찾을 수 있을까?

그런데 어느 순간 나는 스스로에게 이런 질문을 던지고 있었다.

'나는 어디에 있을까?'

안나에 대해 설명하는 문장마다 나는 스스로를 찾아가고 있었다.

'오십이 훌쩍 넘은 나이, 나의 빛을 잃어가고 있는 것은 아닐까?'
'지금의 나와 어린 시절의 나는 같은 사람일까?'
'달라졌다면 무엇이 달라졌을까?'

어린 시절, 나는 자유분방한 아이였다. 친구들과 놀기를 좋아하고, 작은 일에도 하하 호호 깔깔 웃음이 많았던 아이. 활동량도 많아서 동에 번쩍 서에 번쩍할 정도로 이리저리 분주히 움직였던 아이. 이야기 만들기를 좋아해서 친구들 사이에서 이야기꾼으로 불렸던 아이. 그 아이는 도대체 어디로 간 것일까?

이 그림책은 그런 본연의 나를 생각하고, 떠올리게 했다. 그 사이 세월이 많이 흘러 그 모습들은 어디서도 찾아볼 수 없게 되었다. 성숙해지고 사회화되어 눈치껏 살아가다 보니 그 모습들은 내 마음 속 깊은 다락방에 숨겨두고 꺼내 볼 일이 없었다.

산꼭대기에서 굴러내려오던 모난 돌이 이리저리 부딪치면서 몽글몽글한 돌이 되었다. 참 많이 고단하고 힘들었을 것이다. 백인백색이라고 했다. 세상이 저마다의 도드라짐을 알아주고, 각기 저마다의 독특함이 있음을 인정한다면 얼마나 좋을까? 그러면 자기의 본색을 잃어버리거나 잊어버리지 않아도 될 텐데.

이 그림책은 내면에서 계속 꿈틀대는 본연의 나로 데려다 주었다. 안나 엄마가 설명하듯, 단 하나의 나로 살아가고 싶다. 지금 이 순간에도.

3. 나의 모습 그대로를 사랑해

> 세상에 필요한 건 너의 모습 그대로
> 글: 조야나 게인즈, 그림: 줄리아나 스와니, 옮긴이: 김선희, 출판사: 템북, 2021
> 2020 뉴욕타임즈 베스트셀러 어린이 그림책 부문 1위. 2021 아마존 Teacher's Pick 미국 초등교사 추천도서. 이 책은 멋진 모험을 위해 열기구를 만드는 아이들의 달콤한 이야기를 담았다. 이를 통해 서로의 차이를 기쁘게 축하하고, 있는 그대로의 당신과 나, 우리 서로 저마다의 다른 모습들을 사랑하라고 말한다. 세상은 당신과 나, 모두를 필요로 한다는 것을 잊지 말자. 이 책은 우리 아이들이 세상에 줄 수 있는 독특한 멋진 선물을 이미 가지고 있다는 진리를 알게 해준다.

이 책에서는 "오늘이 바로 그날이야 우리 함께 하늘을 날아오르는 날"이라며 아이들이 저마다 다른 빛깔의 천을 들고 동산으로 모여드는 장면이 나온다. 아이들은 각기 다른 형태로 날아오를 열기구를 만들어 간다. 어떤 아이는 혼자, 어떤 아이는 조용히, 어떤 아이는 여럿이 등 각양각색의 모습으로 저마다의 장점을 살려 열기구를 만든다.

이 그림책을 보는 순간, 나는 눈이 휘둥그레졌다. 그래서 읽고, 또 읽었다. 저마다의 모습을 존중하는 느낌이 들면서 가슴 한 켠이 따뜻해졌다.

'그 많은 아이들 중 나는 어디에 있을까?'
'나는 어떤 열기구를 만들고 있을까? 어떤 색깔일까?'

그리고 나에 대해 다시 생각해 보았다.

'나는 열정적인 빨강색으로 열기구를 만들 거야. 나만의 창의적인 색을 넣어서 만들 거야. 혼자가 아닌 친구들과 함께 협력해서 만들 거야. 친구가 도와달라고 하면 한달음에 달려가 도와주며 만들 거야.'

이 세상에는 다양한 사람들이 살고 있다. 세계 인구 80억 명가량의 사람들은 저마다 개성과 특성을 가지고 살아간다. 인류학자들은 위대한 로마제국이 가능했던 것이 개방적인 이민족 정책 때문이었다고 말한다. 그와 마찬가지로 인류가 지금처럼 발전할 수 있었던 것도 다양성이 있었기 때문이다.

문득 위대한 발명가 에디슨이 떠오른다. 에디슨은 다른 아이들과 너무나도 달라 초등학교에서 퇴학을 당했다. 다른 아이들과 다르게 생각한다는 이유로 학교에 가지 못한 것이다. 이때 에디슨이 상상력을 키울 수 있도록 믿어주고 인정해주고 지지해준 사람이 있었다. 바로 그의 엄마다. 만일 그에게 엄마가 없었다면 어떻게 됐을까? 그의 발명품을 우리는 누리지 못했을 것이다.

나도 에디슨의 어머니처럼 그렇게 믿어주고 인정해주고 지지해주는 사람이 되고 싶다. 많은 아이들이 저마다의 색을 잊거나 잃게 만드는 세상에서 작은 빛이라도 비추는 사람이 되고 싶다. 최근 우리 사회 곳곳에서 창의성을 부르짖고 있다. 산업화 시대의 생산성으로는 더 이상 경쟁력을 가질 수 없기 때문이다. 고부가가치 제품과 서비스, 탁월한 기술력만이 미래의 먹거리를 창조할 수 있다. 거기에 필요한 것이 바로 창의성이다. 하지만 창의성은 부르짖는다고 만들어지는 것이 아니다.

그 전제가 바로 다양성을 인정하는 문화와 시스템이다. 그러기 위해서는 어릴 때부터 아이들에게 틀린 게 아니라 다름을 말해주고, 그것을 인정해주어야 한다. 저마다 색깔이 달라도 빛날 수 있고, 아름다울 수 있음을 인정해 주어야 한다.

4. 나답게, 오직 나답게!

> **난 나의 춤을 춰**
> 글: 다비드 칼리, 그림: 클로틸드 들라크루아, 옮긴이: 이세진, 출판사: 모래알, 2021
>
> 오데트는 사탕과 초콜릿, 바삭바삭한 과자를 좋아하는 아이다. 책 읽기와 춤추기 또한 좋아한다. 그래서 매일 거울 앞에서 춤을 춘다. 이런 오데트를 바라보는 사람들은 저마다 생각이 다르다. 아빠 엄마가 보기에 오테트는 비쩍 마른 허약한 딸이고, 친구들이 보기에는 너무 뚱뚱한 아이다. 오데트는 자기 자신에 대해 어떻게 생각하고 있을까. 볼로냐상 수상 작가 다비드 칼리는 자기가 좋아하는 것을 강제로 밀어내기보다는, 자신의 욕구에 충실한 삶이 훨씬 더 행복하다는 사실을 유쾌하게 전한다. 어린이는 물론 어른들이 함께 읽으면 좋은 그림책이다.

이 책의 주인공 오데트는 우리에게 이렇게 묻는다.

"조금 더 얌전하고 차분하다면 지금보다 행복할까요?"

이렇듯 이 책은 '나다움'에 대해 생각하게 한다. 그림책을 읽는 동안, 나는 내면 깊숙한 곳에 있는 나와 마주할 수 있었다. 면지를 보며 '저 아이는 어쩌면 저렇게 다양한 표정과 모습으로 춤을 출까?' 하는 생각이 저절로 들었다.

그리고 어느새 나는 초등학교 시절로 돌아가 있는 나를 발견했다. 운동회 단상에 올라가 대표로 춤을 추던 내가 거기 있었다. 정말 신나게 춤을 추었고, 나를 따라 하는 친구들을 보며 가슴이 벅차올라 심장이 터질 것 같았다. 나는 체육대회 때나 소풍 때 장기자랑 시간이면 늘 사회를 보거나 나가서 노래를 부르며 춤을 추거나 친구들과 콩트를 하며 뭔가 이벤트를 해야 했다. 잠시도 가만히 있지 못하고 친구들과 함께 즐기며 놀았던 기억에 입꼬리가 저절로 올라갔다.

방과 후면 친구들과 모여 이야기꽃을 피웠었다. 그때는 어찌나 친구들이 귀담아 듣고 좋아하던지 재잘재잘, 조잘조잘 이야기도 참 잘 만들어 냈었다. 다음 날 친구들에게 들려줄 이야기를 만드느라 날밤을 새고 학교에서 졸다가 선생님께 분필로 이마를 맞은 기억도 새록새록하다.

고무줄놀이 중 줄을 끊고 도망가는 남자애를 쫓아가서 돌려차기로 입술을 터트려 나와 함께 노는 곳에는 남자애들이 나쁜 장난을 하지 않았던 기억도 있다, 그 덕에 친구들에게는 의리 있는 여장부로, 남자애들에게는 무서운 여깡패로 소문이 나기도 했다. 사실 그때 그 남자애에게는 정말 미안했었고, 피를 보는 순간 걱정으로 가

숨이 완전히 쪼그라들었었다. 지금 생각해도 아찔하다. 그때는 정말 자유분방하고 대찼었다.

그런데 언제부터인가 그 자유분방함이 사라지고, 참된 나를 숨기며 살아가기 시작했다. 타인과 맞추어 가야 한다는 강박에 눈치를 보고, 앞으로 나가고 싶어도 나가지 못했다. 손을 들고 싶어도 꾸욱 누르고, 싫어도 좋은 척, 좋아도 싫은 척, 때론 어느 장단에 맞추어야 하는지 몰라 어리둥절한 그런 나로 오랜 기간 살아왔다.

이 그림책은 나에게 '정신 차려, 이젠 너로 살아도 되지 않아? 너답게'라고 말하는 것 같았다. 그러자 이런 생각들이 내 안에서 쏟아졌다.

나답다는 것은?
나에 대해서도 저마다 생각이 다르겠지.
엄마에게 나는 착한 딸일까?
동생에게 나는 의지가 되는 누나일까?
아이들에게 나는 마음을 잘 알아주는 엄마일까?
남편에게 나는 잘 챙겨주는 아내일까?
직장에서 나는 책임감 있는 사람일까?
모두가 나일 수도 있고, 모두가 내가 아닐 수도 있겠지.
마치 그래야만 하는 '나'는 아닐까?

그런 생각을 한 후 나는 스스로에게 이렇게 물었다.

'임은경, 너는 누구니?'

그러자 자연스레 이 말이 흘러나왔다.

'나는 춤추고 노래하는 것을 좋아해. 요리나 손으로 무언가를 만드는 것도 좋아해. 꽃도 좋아하고, 자연을 사랑하고, 여행하는 것을 좋아하고, 특히 사탕을 아주 좋아해.'

생각해보니 나는 어릴 적 '수다쟁이 캔디'라는 별명으로 불리기도 했었다. 여기서 수다는 '손재주가 많은'과 '이야기를 많이 하는'이라는 두 가지 의미가 있다. 캔디 또한 '들장미 소녀 캔디처럼 밝은 에너지가 있어서', '사탕을 좋아해서'라는 두 가지 의미를 가지고 있다. 나는 이 별명을 참 좋아했다. 나 자신에 대해 생각하자 저절로 미소가 흘러나왔다. 저절로 신이 나고, 살아 있는 것 같은 느낌이 들었다.

너무 오랫동안 나는 나를 살리는 것이 아닌 나를 죽이는 데 시간을 사용하고 살아온 것 같다고 생각했을 때 《난 나의 춤을 춰》라는 책을 접했다. 이 그림책은 가슴 저 밑에 가라앉아 있던 진짜 나에게 생명력을 불어넣어 주었다. 이제는 누군가가 원하는 내가 아니라 있는 그대로의 나를 존중하며 살아가야겠다는 생각을 꿈틀거리게 했다.

이 책을 읽고 난 후 작은 것 하나부터 내가 진정으로 원하는 것을 이루고 펼치며 살아가려고 하고 있다. 그렇게 한 걸음 한 걸음 가다보면 진짜 나에게 더 가까이 가 있을 것이다. 그러다 보면 진짜 나를 만나는 그날이 오지 않을까?

5. 나의 친구, 소중한 친구야

> **넌 내가 안 보이니?**
> 글: 자우마 쿠폰스, 그림: 오스카 줄바, 옮긴이: 김지애, 출판사: 푸른숲주니어, 2022
>
> 아이들의 '관계 맺기'를 유쾌한 이야기와 재미난 그림으로 풀어낸 그림책. 도나는 어떻게든 친해지려고 애를 쓰지만, 루카스는 시종일관 데면데면하게 군다. 심지어 도나가 좋아하는 건 뭐든지 싫어해서 무엇 하나 같이 할 수 있는 게 없다. 급기야 루카스는 도나와 자기네 집 사이에 종이 상자로 벽을 쌓기 시작하고, 그것마저 멋지다고(?!) 여긴 도나는 사다리를 타고 올라가 건너편을 슬그머니 엿본다. 그 후 전혀 예상치 못한 반전이 일어난다.

이 그림책을 읽는 내내 입꼬리가 올라가는 것을 느꼈다. 고등학교 시절 친구가 떠올랐기 때문이다.

나는 중학교 2학년 때 강원도 주문진에서 전라도 담양으로 이사를 가게 되었다. 교실에서 친구들과 작별 인사를 하고, 눈물을 흘리며 선물보따리를 잔뜩 안고 나온 나에게 교감선생님은 "너, 전학 안 돼"라는 청천벽력 같은 말씀을 하셨다.

그 한마디에 나는 부모님과 떨어져 자취를 하며 살아야 했다. 그렇게 힘들게 자취를 하다가 드디어 부모님이 계신 담양으로 고등학교를 가게 되었다. 내 입꼬리를 올라가게 한 그 친구는 내가 입학한 고등학교에서 전교 1등을 하는 친구였다. 아주 작은 키, 입술은 짜장면을 묻힌 듯 두껍고, 손은 어찌나 예뻤는지.

처음에는 그 친구가 눈에 들어오지 않았다. 그저 경쟁 상대라고만 생각했다. 그래서 그 친구가 나에게 어떤 눈길을 주는지, 어떤 말을 하고 싶어 하는지 전혀 관심이 없었다. 이 그림책 속 가르시아처럼 사소한 일에도 화만 냈다. 그 친구는 반장, 나는 부반장이었다. 함께 마음을 맞추고 협력해야 하는데, 그러지 못했다.

나는 늘 날이 서 있었다. 낯선 학교에 적응하는 것도 힘든데, 감투까지 쓰니 더더욱 힘들었다. 더욱이 쓰는 언어도 달랐다. 친구들이 하는 말 중 못 알아듣는 것이 참 많았다. "너 북한에서 왔니?"라고 묻는 친구들이 나를 놀리는 것 같았다. 그런 친구들에게 어떤 것으로도 지기가 싫었다. 마음속 가시는 점점 더 뾰족해졌다.

이 책의 루카스도 그런 마음이지 않았을까? 그런 루카스의 모난 가시를 무디게 만든 도나같은 반장이 보고 싶다. 내가 어떤 말을 해도, 독단적으로 일을 처리해도 마냥 미소 지으며 "어 그래!"라고 말하던 친구. 내 최대 경쟁 상대였던 친구. 이 책을 읽는 내내 '넌 내 마음이 안 보이니?'라고 그 친구가 나에게 말하는 것 같았다.

마음속 가시를 점점 돋우며 1학기를 보내고, 2학기 중반에 들어선 어느 날이었다. 담임선생님의 학생 수첩을 보게 되었다. 한 페이지가 열려 있어서 우연히 본 순간 나는 깜짝 놀랐다. 가슴이 뛰었다. 눈을 비비고 다시 들여다보았다. 수첩 안에는 미워하는 친구에게는 빨간 화살표가, 좋아하는 친구에게는 검정 화살표가 표시되어 있었다.

얼마 전 담임선생님이 작은 종이를 주면서 좋아하는 친구 이름과 싫어하는 친구 이름을 써내라고 했던 기억이 머리를 스쳤다. 수첩 안에 그 결과가 표시되어 있었다. 모든 친구들이 나에게 빨간 화살표를 보냈는데, 단 한 사람 반장만 나에게 검정 화살표를 보냈던 것이다. '쿵 쿵 쿵' 가슴이 뛰었다. 미안했다. 경쟁 상대로만 생각했던 친구만 나에게 검정 화살표를 주었던 것이다.

그때부터 내 눈에 그 친구가 보이기 시작했다. 나에게 진심인 친구, 나를 위해 주는 친구라는 생각이 들었다. 그해가 끝나갈 무렵 우리는 그렇게 단짝친구가 되었다. 2학년 때는 반이 달라져서 매일 만나 이야기를 나누거나 놀지는 못했다. 가끔 제과점에서 만나면 그 친구는 나에게 프렌치 파이를, 나는 그 친구에게 초콜릿을 사주었다. 지금도 그 친구와 만날 약속을 하면 마음이 설레 초콜릿을 준비한다.

내 친한 단짝 친구 '누라'. 오늘은 '누라'에게 전화를 해야겠다. 참 오랜만에 하는 전화다. 보고 싶다 친구야!

6. 너의 색깔, 그대로를 사랑해

> 못 말리는 카멜레온
> 글: 윤미경, 그림: 윤미경, 출판사: 국민서관, 2017
> 책장을 여는 순간, 빨강 노랑 파란색 꼬리가 아이의 아침을 깨우고, '빨리 일어나라, 씻어라, 먹어라'고 재촉하고, 다른 집 아이들과 비교하고, 게임 좀 그만하고

> 숙제하라며 재촉하는 이 무지개색 꼬리의 주인공은 다름 아닌 엄마. 시시때때로 변하며 잔소리하는 엄마와 그에 맞서 귀여운 복수를 하는 아이 이야기를 재미있게 담았다.

이 책 겉표지에는 짓궂고 장난기가 가득한 표정과 콧구멍을 가진 카멜레온이 나온다. 나는 그 카멜레온이 어린아이인줄 알았다. 그런데 웬걸? 못 말리는 카멜레온은 그 아이의 엄마였다. 실제로 아이가 생각하는 엄마의 모습이 카멜레온처럼 변화무쌍하기에 이렇게 표현한 것 같다.

페이지를 넘길 때마다 내 모습이 그 안에 있어 놀랐다. 내가 "빨리 빨리"라고 말할 때 "엄마, 조금만 조금만"이라고 하던 아이들이 떠올랐다. 유난히 느린 걸음의 큰 아이는 "엄마, 조금만 천천히 가면 안 돼요?"라고 내게 묻곤 했었다. 그 모습이 떠올라 미안하고 창피했다.

이 책을 읽으며 유난히 막내 아이가 더 생각났다, 이 아이가 첫 발을 떼면서부터 "해라"보다 "하지 말라"는 말이 95퍼센트를 넘었던 거 같다. 막내가 초등학교 3학년이던 어느 날의 일이다. 공부하자는 말을 듣지 않고 집중하지 않아서 혼내려는데, 아이가 두 발과 두 팔을 뻗치며 엉엉 울었다. 한참을 울던 아이가 "내가 학교 선생님한테 얼마나 많이 혼나고 맞는지 알아? 내 이마는 동네북이 아니거든!" 하고 소리쳤다.

그 순간 '이게 무슨 소리지?' 하고 머릿속이 하얘졌다. 자초지종을 묻자 아이는 그동안 학교에서 어떤 일이 있었는지 끝도 없이 말했다. '아! 큰일 났구나! 이 아이를 어떻게 키우지?' 하는 생각이 머릿속을 스쳐지나갔다. 그저 조금 별난 아이라고 생각했는데, 그게 아닐 수도 있다는 생각이 들었다.

고민 끝에 지인의 조언으로 병원을 찾았다. 아이가 ADHD라고 했다. 약을 먹여야 했다. 늦게까지 잠을 못 자거나 양치질할 때 헛구역질을 하는 등 다양한 부작용이 나타났다. 그때마다 약을 바꾸어 먹였다. 약먹기를 싫어하는 아이를 윽박지르고 혼내고 달래가면서 먹였다. 의사선생님이 ADHD에 대해 설명해주며 행동 수정이 필요하다고도 말해주었다. 나는 그저 이 아이가 다시는 선생님들에게 혼나지 않았으면 하는 마음뿐이었다.

아이가 6학년이던 어느 날 "엄마, 저 이 약 정말 먹기 싫어요. 스스로 행동 수정해 볼게요"라고 말했다. 아이는 어떤 행동을 할 때마다 스스로 '행동 수정'이라는 말을 붙여가며 변하려고 노력했다. 아이는 에너지가 높고, 학교에 적응하기 힘든 아이였다. 엄마인 나도 아이의 변화를 기다리면서 스스로 변하기 위해 노력했다. 아이에게 한 가지라도 칭찬거리를 찾아 해주고, 아이를 믿어주고, 아이에게 설명해주며, 온화하게 바뀌어 갔다.

그렇다. 아이를 키울 때는 그때그때 색을 달리해야 한다. 하지만 그 색이 날카롭고 차가운 색이어서는 안 된다. 따뜻하고 온화한 색이어야 한다. 그러면 아이는 따뜻해지고, 더 많이 생각하고, 그 색깔을 마음에 담는다.

결국 이 아이는 나를 성장시켰다. 아이로 인해 많은 것들이 바뀌었다. 새로운 공부도 하고, 직업도 바꾸었고, 생각과 마음도 바뀌었다. 나는 주변에서 상처 받은 아이들을 만나 마음의 치유를 돕고 싶다. 또한 그 아이들을 키우는 부모들과 만나 서로를 위로해주고 싶다. 그것을 행동에 옮겨 더 따뜻한 세상을 만들고 싶다. 이렇게 아이는 내게 새로운 세상을 가르쳐 주었다.

이 책은 아이와 함께 성장해 가고 있는 나를 발견할 수 있는 소중한 시간을 선물해주었다. 그 선물에 기꺼이 나도 행동으로 화답하고자 한다.

7. 함께 하는 성장!

엄마가 그랬어
글: 야엘 프랑켈, 그림: 야엘 프랑켈, 옮긴이: 문주선, 출판사: 다그림책, 2023
아이가 캠프를 떠나기 전 함께 준비물을 챙기는 상황을 통해 엄마와 아이의 엇갈리는 입장을 유머러스하게 보여주는 그림책. 볼로냐 국제아동도서전 픽션 부문 스페셜 멘션, 미국아동청소년도서협회 우수국제도서상, 화이트 레이븐스상, 모스크바 국제도서전 그림책 부문 대상을 수상했으며, 볼로냐 국제아동도서전 올해의 일러스트레이터 3회 선정, 샤르자 국제어린이도서전 일러스트 부문 1위에 선정된 야엘 프랑켈의 작품이다.

이 책은 나에게 이런 질문을 던지게 해주었다.

'늘 챙겨주는 엄마와 챙겨주지 않는 엄마 중 누가 더 좋은 엄마일까?'
'나는 어떤 엄마일까?'
'주인공 아이의 마음은 어떨까?'

사실 많은 사람들이 말한다.
"적당히! 적당히!"
하지만 적당히가 제일 어렵다. 나는 적당히를 잘 모르는 그런 엄마였다. 아이가 말하기도 전에 먼저 챙겨주는 엄마였다. 왜 그랬을까? 핑계를 대면 이렇다.
나는 중학교 2학년 때부터 자취를 했다. 어쩔 수 없는 상황이었지만, 참 많이 당황스러웠고 무서웠다. 그렇게 잠시일 것 같던 자취생활은 중학교, 고등학교, 대학교까지 쭈욱 이어졌다. 대학을 졸업하고 바로 결혼을 했다. 나는 자취생활을 통해 혼자서 스스로 한다는 것이 얼마나 힘들고 외로운지를 너무나 뼈저리게 느꼈다. 보살핌 없이 혼자 모든 것을 해내야 한다는 것은 참으로 어려운 일이었다.
그래서였을까? 내 아이는 그렇게 자라지 않기를 바라는 마음이 컸다. 아이에게 필요한 모든 것을 옆에서 살뜰히 챙겨주기 시작했다. 이 그림책 주인공의 엄마처럼. 아이는 점점 엄마 없이는 아무것도 할 수 없는 아이, 자신의 의견을 말하지 않는 아이로 자랐다.
큰 아이가 고등학생이 된 어느 날이었다. 자립심을 키워줘야 한다는 생각에 아이에게 "이제는 컸으니 네가 알아서 일어나고 스스로 할 수 있도록 해"라고 말했다. 그 말에 아이는 펑펑 울며 "혼자 해보지를 않았는데 어떻게 하란 말이야" 하고 되물었다. 아이의 반응에 어쩔 줄 몰라 하던 나는 결국 아이와 함께 힘든 과거로 다시 돌아가야 했다.

그렇게 30여 년의 시간이 흘러 내 나이 오십이 훌쩍 넘었다. 이 나이에도 여전히 먼저 알아서 챙겨주고 떠먹여주는 엄마로 살고 있다. 아이들은 그것을 힘들어 하면서도 은근히 바라는 아이들로 성장했다. 하지만 아이든 엄마든 모두 자기만의 인생길을 가는 나그네일 뿐이다. 나와 아이들도 그 여정이 스스로 혼자 가는 것임을 진작 알았어야 했다. 이 책이 새삼 일깨워준 깨달음이다.

나는 이 책을 읽으며 "모두 챙겨주는 것보다 스스로 챙길 줄 알도록 하는 것이 필요하다"고 책 속 엄마에게 말해주고 싶었다. 이 말은 나에게 전하는 독백이기도 했다. 그래서 이 늦은 나이에 나는 그것을 실천에 옮겨보려고 한다. 늦었다고 생각할 때가 가장 빠르다는 옛말에 힘입어 힘들어도 해보려고 한다. 아이들이 스스로 할 수 있도록 기다려주고, 천천히 해나갈 수 있는 방법을 알려주고, 해낸 것을 지지해 주는 엄마로 나아가고 싶다. 이 책이 나에게 그 방법을 알려주었고, 앞으로도 지지해 주리라 믿는다.

그림책이 있는 마음우체국

초판 1쇄 인쇄 | 2024년 3월 4일
초판 1쇄 발행 | 2024년 3월 11일

지은이 | 꿈길희망등대 그림책 모임
펴낸이 | 김진성
펴낸곳 | 벗나래
편 집 | 오정환, 김연우
디자인 | 장재승
관 리 | 정서윤
출판등록 | 2005년 2월 21일 제2016-000007
주 소 | 경기도 수원시 장안구 팔달로237번길 37, 303호(영화동)
전 화 | (02) 323-4421
팩 스 | (02) 323-7753
홈페이지 | www.heute.co.kr
전자우편 | kjs9653@hotmail.com
Copyright©꿈길희망등대 그림책 모임
값 17,000원
ISBN: 978-89-97763-55-9

* 잘못된 책은 서점에서 바꾸어 드립니다.
* 이 책은 저작권법의 보호를 받는 저작물이므로 무단전재와 복제를 금합니다.
  본문 내용을 사용할 경우 출판사의 허락을 받아야 합니다.